bebé feliz

ANNE KNECHT-BOYER

ONIRO

Título original: *Baby Fun*
Publicado en inglés por Carroll & Brown Limited

Traducción de Nuria Martí

Copyright © 2004 Carroll & Brown Limited

© 2004 de todas las ediciones en lengua española
Ediciones Oniro, S.A.
Muntaner 261, 3.º 2.ª - 08021 Barcelona - España
(oniro@edicionesoniro.com - www.edicionesoniro.com)

ISBN: 84-9754-122-7
Depósito legal: B-34.400-2004

Impreso en España - *Printed in Spain*

Índice

Introducción

Muchos de los padres que asisten a mis clases me preguntan qué juguetes pueden comprarles a sus bebés para que sean más inteligentes. ¿Los diseños en blanco y negro son eficaces para ello? ¿Los casetes de música de Mozart elevan realmente el CI de los bebés? ¿Vale la pena adquirir costosos juguetes electrónicos interactivos? Y yo les respondo que ya tienen el juguete más eficaz, estimulante y receptivo que existe para sus hijos y que lo reconocerán si se contemplan en un espejo.

Los padres y las personas al cuidado de los bebés, es decir, los seres humanos y no los objetos inanimados, son los primeros compañeros de juegos para los bebés, los mejores y los más eficaces. Los padres podemos estimularles a desarrollar el lenguaje y a hacer ejercicio, y ofrecerles además horas de diversión con unas acciones tan sencillas como abrir y cerrar las manos. Podemos reír y cantar con nuestro bebé, responder a sus mensajes, y amarlo y abrazarlo de un modo que ni siquiera el juguete más sofisticado a nivel técnico puede llegar a hacer. A través de unos juegos sencillos y relajados, podemos ayudarle a desarrollar unas saludables habilidades de carácter emocional, físico, intelectual y psicosocial.

El único problema es que muchos de nosotros nos hemos olvidado de cómo jugar. Estamos tan preocupados por todos los aspectos del cuidado de un bebé —cambiarle los pañales, alimentarlo, bañarlo, programar las visitas al pediatra, establecer una buena rutina de sueño— que a veces nos olvidamos de relacionarnos con nuestro hijo jugando alegremente con él. Esta obra trata, en parte, sobre aprender a jugar con un bebé, pero también estructura esos juegos incorporando actividades que estimulan unas determinadas habilidades motoras en la etapa adecuada del desarrollo.

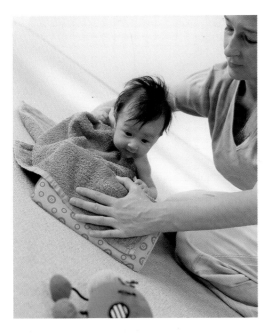

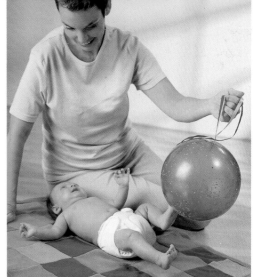

El programa PEKIP

Los ejercicios de este libro están basados en el Programa para Padres e Hijos elaborado en Praga o PEKIP (Prager Eltern Kind Programm). Este programa se desarrolló a partir de las observaciones del psiquiatra de Praga Jaroslav Koch, que observó las relaciones afectivas que se establecen entre madres e hijos en su Instituto de Asistencia a la Madre y al Niño, y estudió el material procedente de las investigaciones de profesores, enfermeras pediátricas, asistentes sociales y, por supuesto, de padres. Aunque el objetivo del programa «acompañar y apoyar a padres y a bebés durante el delicado primer año de vida en el que se desarrolla el vínculo afectivo» pueda parecer moderno, el primer curso PEKIP se impartió hace más de 25 años.

En la actualidad soy instructora diplomada en PEKIP, pero la primera vez que conocí el programa fue cuando era una madre primeriza. Debido a mi formación como terapeuta especializada en psicomotricidad, cuando mi hija Anne-Catherine cumplió tres meses, busqué una clase estructurada para ella. La metodología del programa PEKIP me causó muy buena impresión enseguida. Además los resultados que producía eran asombrosos. Mi hija se volvió más juguetona en casa —de hecho parecía iniciar y prever los momentos dedicados al juego—, sus capacidades motoras burdas y sutiles y sus habilidades sociales y cognitivas se desarrollaron rápidamente. Y lo que es más importante de todo, el programa PEKIP era lo bastante flexible como para permitir que ella aprendiera y explorara a su propio ritmo teniéndome a mí como guía.

Cuando me trasladé a Hong Kong, un país donde no se impartían clases de PEKIP, comprendí que mi hijo Lukas no tendría las mismas oportunidades, y este hecho me hizo sentir el apremiante deseo de formarme como instructora. Después de seis años de haber estado dando clases de PEKIP, he tenido la satisfacción de fomentar el desarrollo del vínculo afectivo que se establece entre los padres y sus bebés en más de mil casos y de observar cómo los pequeños iban progresando con seguridad a través de sus etapas de desarrollo.

¿Qué es la integración sensorial?

Durante el primer año de vida tu bebé es bombardeado con nuevas experiencias sensoriales: los ladridos de un perro, el frescor de un suelo embaldosado o la calidez del sol que penetra por la ventana. A medida que tu hijo crece va experimentando nuevas sensaciones. El proceso por medio del cual su cerebro aprende a organizar e interpretar esas distintas experiencias sensoriales se llama integración sensorial (IS). Este proceso se inicia ya en el útero cuando el feto siente los movimientos de la madre. A lo largo del continuo desarrollo del bebé, las nuevas experiencias sensoriales le obligan incluso a integrar una mayor cantidad de información. Su capacidad para organizar las sensaciones del interior de su propio cuerpo y las que recibe del exterior e integrarlas, le permite utilizar el cuerpo con eficiencia y eficacia dentro de su entorno.

La integración sensorial le proporciona una base esencial para la adquisición de capacidades de aprendizaje más complejas que necesitará más tarde en la vida. Desempeña un papel fundamental en cuanto a la rapidez con la que tu hijo desarrollará su motricidad y le permitirá mover el cuerpo con destreza. Además es esencial para incrementar su capacidad de aprendizaje y contribuye al buen desarrollo de la sociabilidad, la atención y la estabilidad emocional.

El concepto de la IS fue desarrollado por Jean Ayres, una terapeuta ocupacional norteamericana que investigó cómo los trastornos en los procesos sensoriales y en la planificación motora interferían en las funciones y en la vida cotidiana. Descubrió que los niños con problemas de IS aprendían con lentitud o manifestaban trastornos de conducta. Otros terapeutas y especialistas en este campo continuaron sus investigaciones.

Los sentidos y los movimientos

Tu bebé no es un receptor pasivo de información sensorial. Durante el primer año de vida aproximadamente, aprende a explorarse a sí mismo y al mundo que le rodea utilizando al mismo tiem-

po sus sentidos y sus movimientos. Un bebé que juegue con muñecos normalmente los tocará, arrojará y golpeará con los pies, los esconderá y recuperará, o los empujará, estirará o sacudirá. Mientras lo hace, escucha los sonidos que emiten y observa lo que les ocurre. A través de estas actividades sensoriomotoras irá familiarizándose con el mundo exterior y aprendiendo a adquirir cierto dominio sobre él.

Durante esta etapa se desarrollan cuatro grupos distintos de habilidades, y su adquisición constituye los primeros pasos que tu hijo da hacia la independencia y establecen la base de su capacidad para aprender acerca de su entorno:

1. Aprende a reconocer muchas características de su entorno.
2. Percibe que él es distinto de su entorno.
3. Aprende a cambiar el cuerpo de postura y a moverse en el espacio.
4. Aprende a coger, sostener, soltar y manipular los objetos, según sus deseos.

Las estimulantes actividades que este libro contiene ayudarán a tu bebé a dominar estas habilidades al integrar eficazmente sus sentidos.

Cómo sostener a tu bebé de manera cómoda y segura

Sostener y transportar a un bebé es todo un arte. Si lo sostienes correctamente, es una de las mejores formas de hacer que se sienta querido y seguro. A pesar de lo que la gente diga, sostener a tu bebé no es malcriarlo, porque a esa edad desea y necesita estar en brazos y ser acunado. ¡Esas sensaciones hacen que se sienta feliz!

Esa clase de suave estimulación sensorial le ofrecerá una buena base para el posterior desarrollo sensoriomotor. El movimiento estimula el sistema vestibular (el oído interno) de tu bebé y ejerce un efecto regulador sobre su fisiología y el desarrollo motor en general. También le anima a usar ciertos grupos de músculos, como los que le ayudan a levantar la cabeza. Al coger a tu bebé acuérdate sobre todo de sostenerle siempre la cabeza, ya que sus músculos aún no tienen la fuerza suficiente para hacerlo. A todos los recién nacidos les encanta que los lleven en brazos y a los bebés más creciditos les gusta que los lleven a horcajadas sobre la cadera (véase la ilustración de la parte izquierda) porque les da la sensación de ser ya niños mayores. Estas dos formas de sostenerlo son buenas tanto para tu bebé

como para ti. A continuación se incluyen otras posturas que os permitirán a tu hijo y a ti usar distintos grupos de músculos al tiempo que te garantiza que lo sostienes de una manera segura.

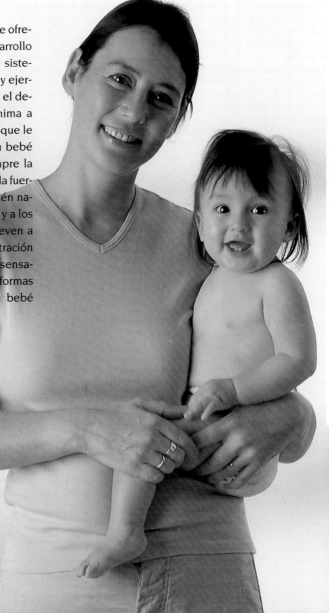

ADVERTENCIA

Cambiar con frecuencia a tu bebé de postura le ayudará a fortalecer los músculos de ambos lados del cuello por igual. Al sostenerlo en brazos intenta mantener tu cuerpo equilibrado utilizando por igual los dos hombros, los dos brazos y la parte superior e inferior de la espalda, así evitarás someter tus músculos a una presión excesiva.

Boca abajo

A algunos bebés propensos a los cólicos les gusta que los sostengan de ese modo porque esta postura les presiona ligeramente la barriguita y les ayuda a expulsar los gases. Muchos padres también aprecian esta postura porque el llanto de su hijo no llega con tanta intensidad a sus oídos. Sosténlo boca abajo sujetándole la parte superior del cuerpo con la parte interior del codo y con su pecho descansando sobre tu antebrazo. Su cabeza ha de estar libre para que pueda moverla hacia arriba o hacia un lado. Coloca tu otro brazo entre sus piernas para sostenerle la parte inferior del cuerpo.

Acurrucado contra tu pecho

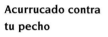

Es una de las posiciones más populares entre las madres o las personas al cuidado de los bebés. Acurruca a tu hijo contra tu pecho. Con uno de los brazos sostén la parte inferior de su cuerpo y coloca el otro brazo sobre su espalda. Su cabeza ha de estar libre para que pueda contemplar el entorno por encima de tu hombro. Asegúrate, no obstante, de no cargar el peso sobre una sola parte de tu cuerpo, ya que esta postura ejercería una presión excesiva sobre tus músculos.

Sentado sobre tu brazo

Esta postura le permite contemplar las imágenes y escuchar los sonidos de su entorno. Es una postura ideal para presentar el mundo a tu pequeño.

Con uno de los brazos rodéale el pecho ejerciendo una ligera presión para sostener el peso de su cuerpo. Forma con el otro una especie de «banquillo» para que apoye su culito en él.

Con la cabecita recostada en tu hombro

Es la posición natural para hacerlo eructar. Apoya su cabeza contra tu hombro mientras le sostienes el cuello o le das unas palmaditas en la espalda. Con el otro brazo sostén la parte inferior de su cuerpo.

Ejercicio para ti y diversión para tu bebé

Los bebés necesitan recibir mucho amor y atención, además de todo el trabajo que requieren, y después del embarazo puede que apenas te quede tiempo para ponerte en forma. Adaptar tus sesiones de ejercicio para poder realizarlas con tu bebé os beneficiará a los dos: a ti te dará la oportunidad de ponerte en forma o al menos de fortalecer los músculos de la espalda y del abdomen, y tu bebé disfrutará de un divertido y estimulante juego con su mamá.

Un bebé es la ayuda ideal para ponerte en forma —a medida que él va aumentando de peso, tú vas recuperando la forma física—, y disfrutará de la experiencia tanto como tú. Esta clase de actividades, como mecer y sostener a tu bebé, además de mejorar tu tono muscular sirven para estimular a tu hijo, fomentando en él un saludable desarrollo psicológico y motor, y favoreciendo su respiración y crecimiento.

Antes de empezar a hacer este ejercicio, al igual que ocurre con las actividades principales del programa, es mejor esperar a que tu hijo tenga seis semanas. Haz que sean una prolongación de vuestros momentos de juego, ¡asegúrate de que os divirtáis los dos!

ADVERTENCIA

Si te han practicado una cesárea, quizá debas tomarte las cosas con más calma. Antes de intentar hacer una actividad que pudiera ser demasiado extenuante para ti, consúltalo con un profesional de la salud y escucha lo que te dice tu cuerpo.

Para los que empiezan...

Como los músculos del cuello de un bebé a los dos o tres meses de edad aún no son lo bastante fuertes, debes asegurarte de sostenerle bien la cabeza. Como precalentamiento, antes de realizar los ejercicios tiéndete boca arriba con las piernas flexionadas y los pies apoyados en el suelo. Recuesta a tu bebé entre tus muslos con la cabeza apoyada sobre tus rodillas. Coloca las manos a cada lado de su cuerpo para sujetarle la cabecita y mécelo suavemente de un lado a otro.

La mecedora

Siéntate con las piernas cruzadas y coloca a tu bebé en el regazo. Sosténlo por el pecho con su espalda apoyada contra tu cuerpo. Mécete hacia atrás y hacia adelante con lentitud y suavidad. Este ejercicio le dará una idea del espacio y al mismo tiempo hará que los músculos de su estómago trabajen con suavidad.

Arriba y abajo

1 Siéntate con las rodillas flexionadas y las plantas de los pies apoyadas en el suelo. Coloca a tu bebé de cara a ti con la barriguita apoyada en la parte inferior de tus piernas.

2 Ve tendiéndote al tiempo que vas levantando las piernas. Sujetándolo bien, levanta y desciende a tu hijo con las piernas. Repite estos dos movimientos un par de veces.

3 Endereza la espalda usando los músculos del estómago hasta sentarte de nuevo. Haz el ejercicio varias veces, así ejercitarás a fondo los músculos del estómago.

Miniyoga

Los bebés de corta edad son por naturaleza muy flexibles, pero pueden perder la flexibilidad fácilmente a medida que van creciendo. Durante el primer año, cuando tu bebé empieza a desplazarse por su entorno y a sostener el peso de su propio cuerpo, sus músculos se van fortaleciendo en gran medida. Pero mientras sus articulaciones y músculos se van desarrollando, también empiezan a perder parte de su flexibilidad natural. Los sencillos estiramientos que se muestran a continuación ayudarán a tu bebé a mantenerse flexible mientras crece y se desarrolla, y le animarán a intentar una mayor diversidad de movimientos.

Estos estiramientos son un útil complemento para las actividades del programa principal PEKIP porque estimulan en tu bebé la exploración sensoriomotora y con ello su desarrollo físico. Podéis empezar a hacerlos cuando tu hijo tenga seis semanas o cuando inicies el programa principal de actividades, y seguir realizándolos mientras os sigan gustando a ti y a tu bebé. Cada mañana al sentarte a jugar con él, intenta hacer algunos estiramientos.

Empieza tendiendo a tu hijo boca arriba sobre tus muslos. Ponle los brazos cruzados sobre el pecho y repite el movimiento cambiando de brazo para que primero sea uno y después el otro el que quede encima.

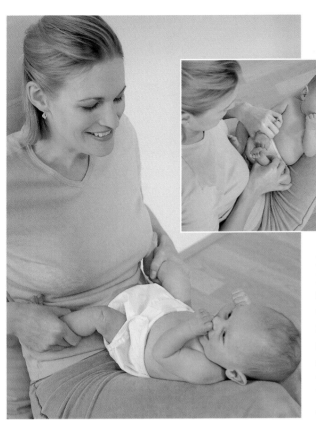

Las manos a los pies

Sosteniendo uno de sus brazos por la muñeca, llévaselo sobre su cuerpo para que toque con la mano el pie del lado opuesto. Haz que con los deditos de su mano se haga cosquillitas en la planta del pie. Repite el ejercicio con la otra mano y el otro pie.

Pedaleando

Lleva con suavidad sus rodillas hacia su barriguita, una después de otra, con unos movimientos lentos y continuos como si tu bebé pedaleara. El suave movimiento ascendente y descendente de las rodillas ayuda a mantener flexibles las caderas y las articulaciones de la rodilla y, en caso de cólico, a aliviar las molestias.

Buenos días, piececillos

Cruza las piernas de tu bebé sobre su barriguita. Repite el movimiento varias veces cambiando de pierna para que primero sea una y después la otra la que le quede encima. A continuación sosteniéndole la pierna por el tobillo, acércale el pie a la boca dejando que flexione la rodilla y que la pierna le quede girada sobre la cadera. Mientras le acercas el pie a la boca, dile: «Buenos días, piececillo». Luego «despierta» al otro pie de la misma forma. Acércale ahora sus dos pies juntos a la boca, has de poder hacerlo sin que a él le cueste nada. Este ejercicio sirve para abrir las caderas y para que tanto éstas como los pies se mantengan flexibles.

Cosquillitas en los pies

Sostén los pies de tu bebé de modo que se toquen. Con los dedos de uno de los pies hazle cosquillitas en la planta del otro. Repite el ejercicio con la otra pierna.

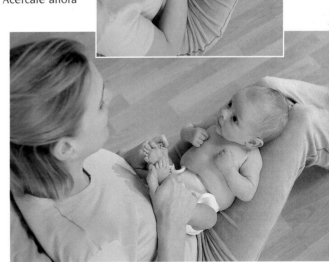

Siguiendo el programa

Las actividades de este libro se han ordenado por edades, empezando con los ejercicios pensados para bebés de seis semanas hasta culminar con los ejercicios concebidos para el primer año de vida. (Antes de las seis semanas probablemente tú y tu hijo os estéis recuperando aún del parto.) Cada capítulo ofrece diversas actividades estimulantes para fortalecer las experiencias sensoriales de tu bebé a través de determinadas habilidades motoras que empiezan desarrollando el control de la cabeza y siguen después fortaleciendo el resto del cuerpo.

Puedes hacer las actividades tan a menudo como quieras, pero intenta dedicarles al menos 10 minutos por la mañana y 10 minutos por la tarde. Asegúrate de que tu bebé está dispuesto a jugar y de que no da muestras de hallarse hambriento, mojado, soñoliento, malhumorado o distraído. Desconecta el teléfono, apaga el televisor y tiéndete en el suelo para quedar al mismo nivel que tu hijo. Mientras realizas las actividades ve hablándole al tiempo que animas tu rostro con expresiones divertidas. Y lo más importante de todo, cuando ya tenga bastante, deja de jugar con él, porque si lo sobreestimulas se cansará o pondrá nervioso.

Dale todo el tiempo que necesite para que vaya familiarizándose con las actividades, ya que los ejercicios, además de ser estimulantes, están pensados para enseñarle a aprender por sí mismo. Deja que explore a su propio ritmo, contigo como guía, en lugar de correr a ayudarle en cuanto se quede atascado, así podrá desarrollar su habilidad para resolver problemas y aumentarás su confianza en sí mismo.

Si no está preparado o no es capaz de hacer la actividad concebida para su edad, espera una semana o dos y vuelve luego a intentarlo. Lo más importante es estimularlo y jugar, y establecer un vínculo afectivo con él, en vez de pretender fijarle metas concretas. Cada bebé se desarrolla a un rit-

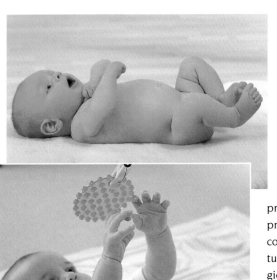

mo diferente, algunos se pasan mucho tiempo gateando mientras que otros se saltan esa etapa y prefieren desplazarse arrastrando el culito. No obstante, si te preocupa el hecho de que tu hijo tarde mucho en desarrollar alguna de las habilidades sensoriomotoras, pide consejo al pediatra.

Plantéate la opción de dejar que juegue desnudo, ya que se moverá con más soltura y se sentirá más contento al liberarse de la opresión de la ropa y del pañal; si tienes dudas, pruébalo y observa la diferencia. Como lo más probable es que en algún momento haga pipí, colócale debajo un plástico o una toalla y deja a tu alcance algunas toallitas húmedas y papel higiénico para limpiarlo. Mantén la habitación calentita, cómoda y sin corrientes de aire.

Y sobre todo, diviértete y disfruta del milagro de tu hijo durante su primer año de vida. Como crecerá muy deprisa, goza al máximo de esta especial etapa.

Apoyo y socialización

Cuando termino de dar las clases de PEKIP, los padres y las personas que se ocupan de los bebés se reúnen para charlar un rato, así tienen la oportunidad de conversar sobre temas relacionados con el cuidado de los bebés y de intercambiar consejos e ideas. Otra buena idea es conocer a personas con hijos de la misma edad y quedar con ellas con regularidad para practicar estos ejercicios o para charlar. Un grupo puede ser un poderoso sistema de apoyo y una excelente fuente de información. Hacer que tu hijo conozca a otros bebés es también un buen modo de fomentar la socialización a una edad temprana.

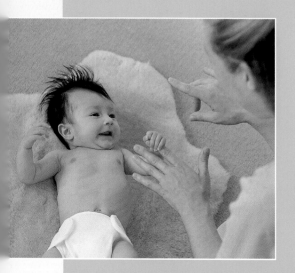
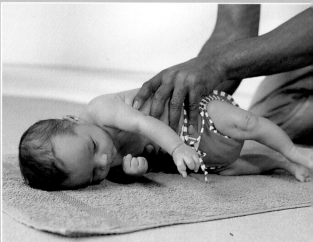

1

Hasta los dos meses

Las primeras seis semanas de vida de tu bebé es la época ideal para que los dos os conozcáis y para establecer una buena rutina. Tu hijo desde el momento de nacer empezará a recibir información nueva y a asimilarla, pero cuando cumpla las seis semanas será el momento perfecto para empezar a pensar en unas actividades y unos retos nuevos y estimulantes.

Tu bebé al nacer posee ya una gran variedad de reflejos fascinantes. Si le tocas la mano la cerrará con fuerza, si le tocas el pie cerca de los deditos los doblará rápidamente, y si lo sostienes de modo que sus pies toquen una superficie plana empezará de manera automática a intentar caminar. Las actividades de este capítulo utilizan algunos de esos reflejos motores naturales para fortalecerlo desde la cabeza hasta la punta de los pies.

A medida que esos reflejos van desapareciendo gradualmente a lo largo de los seis primeros meses, tu bebé va desarrollando la habilidad de moverse a volun-

tad. Al final del primer mes, ya podrá levantar la cabeza, las regiones cerebrales que controlan la cabeza y el cuello se desarrollan antes que las que dirigen los brazos y las piernas. La creciente habilidad que irá adquiriendo para relacionarse con su entorno le animará a seguir progresando.

Las actividades de este capítulo utilizan los sentidos que están madurando de tu bebé para estimular su posterior desarrollo. Tu hijo ya conoce qué es lo que tiene un aspecto, un sabor, un tacto, un sonido y un olor agradable. Y además le encanta el contacto físico. Puede distinguir la voz de su madre y responder a ella, y diferenciar su olor del de los demás. Si hablas a tu bebé, le cantas canciones y le acaricias reforzarás su autoestima y le tranquilizarás. Tu hijo puede sin duda ver y probablemente elija contemplar otras imágenes aparte de la tuya. Los bebés sienten un especial interés por el rostro humano.

Todas esas habilidades reflejan el hecho de que incluso en el momento de nacer el sistema sensorial de tu bebé está ya perfectamente desarrollado. Las divertidas y estimulantes actividades de esta obra le ayudarán a afinar sus sentidos, le enseñarán a integrarlos eficazmente y favorecerán en él un saludable desarrollo físico, emocional y cognitivo.

De un *lado* a otro

Los bebés de corta edad pueden agarrar algo con las manos con una firmeza y una fuerza increíbles. Este sencillo juego utiliza el fuerte agarre de tu hijo para ayudar a familiarizarle con el movimiento que realiza su cuerpo de un lado a otro. Muchos bebés tienden a girar la cabeza hacia un lado más que hacia el otro. Como en este ejercicio eres tú el que le diriges, puedes ampliar el movimiento giratorio de su cabeza a casi 180 grados. Con esta actividad no sólo le enseñarás un nuevo movimiento, sino que además podrá mirar a su alrededor y descubrir más cosas de su entorno. Estarás estimulando en él la vista, el control de los músculos oculares y el desarrollo de la capacidad motora.

Integración sensorial

Cuando tu bebé capta y agarra tus dedos, está aprendiendo a integrar su sentido del tacto con el de la vista. Al mover la cabeza de un lado a otro, también está usando el sistema vestibular, ya que su oído interno le ayuda a detectar los movimientos del cuerpo y a cambiar la postura de la cabeza. Las sensaciones que experimenta al mover el cuerpo con suavidad tienden a organizar su cerebro y a ayudarle a asimilar y utilizar la información de los sentidos.

Qué es lo que necesitas
Sólo a ti y a tu bebé

Habilidades que desarrolla
Coordinación oculomanual
Percepción del cuerpo

1 Tiende suavemente a tu bebé boca arriba y ofrécele los índices de tu mano derecha e izquierda para que te los coja. Quizá tengas que moverlos para atraer su atención y hacer que se fije en ellos.

2 Puede que alargue las manos para cogerlos, pero probablemente habrás de poner tus dedos en sus manitas para que las cierre y te los agarre instintivamente. Una vez los tenga bien sujetos, mueve tus manos lentamente hacia uno de los lados.

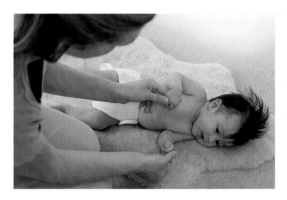

3 Observa cómo su cabeza se va volviendo hacia ese lado y su cuerpecito le sigue. Mueve después lentamente tus dedos hacia el otro lado de su cuerpo. Su cadera y su pierna también le seguirán. Ve moviendo a tu bebé de un lado a otro para que se vaya familiarizando con el movimiento.

Duérmete niño

Para tranquilizar a un bebé quejoso o hacer que deje de llorar, intenta cantarle una nana mientras lo meces suavemente con una manta. Este movimiento de vaivén estimulará con suavidad su sistema vestibular y hará que tu hijo se tranquilice y relaje. Como para esta actividad se necesitan dos personas, tú y tu pareja podréis pasar un agradable rato disfrutando juntos de vuestro retoño.

Diviértele con las imágenes del espejo

A las seis semanas tu bebé empieza a fijar la mirada en los objetos, pero su campo visual se limita a unos 25 cm. Es la distancia perfecta para mostrarle juguetes, pero si se los acercas o alejas demasiado del rostro sólo serán para él una frustrante mancha borrosa.

El juguete visualmente interactivo y más fascinante para tu bebé es sin duda el rostro humano, tu hijo prefiere contemplar tu cara, con toda su gama de expresiones, antes que cualquier juguete, por más ingenioso que sea. Tanto tu imagen como la suya reflejadas en el espejo le cautivarán y embelesarán.

Integración sensorial

La relación que se establece entre el control de la cabeza, el movimiento de la misma y la visión es muy importante. El seguimiento visual de tu bebé —la capacidad de seguir un objeto o una persona moviendo los ojos y la cabeza— depende de la integración de estas habilidades. Su capacidad de seguir con la mirada los objetos se desarrolla como una respuesta de adaptación a las sensaciones procedentes de los músculos circundantes a los ojos, de los músculos del cuello, de la gravedad y de los movimientos de su oído interno. La actividad de seguir su imagen reflejada en el espejo aumentará su atención, su capacidad de fijar la mirada y el control de su cabeza y, además, le ayudará a relacionarse con su entorno.

Qué es lo que necesitas
Un espejo irrompible
de tamaño mediano

Habilidades que desarrolla
Seguimiento visual
Control de cabeza y cuello

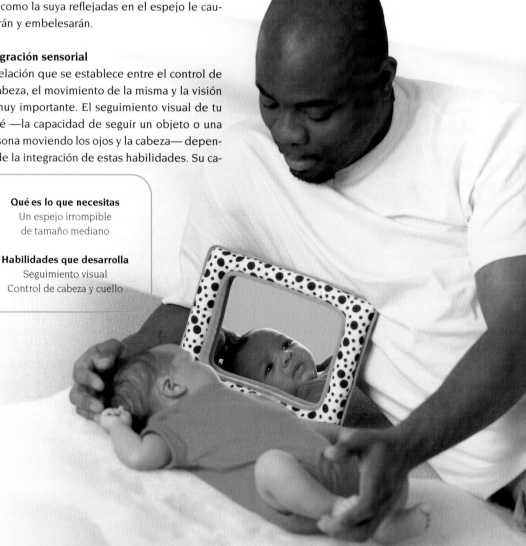

1 Coloca suavemente a tu bebé boca arriba y tiéndete junto a él mirando hacia el techo. Sostén el espejo por encima de ti a una distancia de unos 25 cm. Inclínalo para que los dos os reflejéis en él.

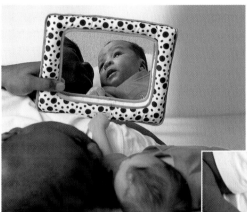

2 Dale a tu hijo todo el tiempo necesario para que se fije en las imágenes del espejo y reaccione a ellas. Intenta mover un poco el espejo para que vea primero tu rostro y después el suyo. Observa qué cara contempla con más atención.

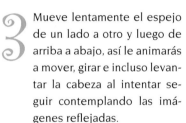

3 Mueve lentamente el espejo de un lado a otro y luego de arriba a abajo, así le animarás a mover, girar e incluso levantar la cabeza al intentar seguir contemplando las imágenes reflejadas.

¿Qué cosas hace tu bebé al crecer?

Tu hijo quedará fascinado por el precioso bebé que aparece en el espejo, pero a los dos meses aún no sabe que es su propio rostro. A partir de los 15 meses hasta los dos años —aproximadamente en la época en la que aprende a decir «yo», «mi» y «mío»— es cuando es capaz de reconocerse. Pero a los dos meses la imagen en movimiento del espejo le intrigará y el hecho de contemplarla puede ser un buen remedio para tranquilizarle cuando llore.

Culito abajo, cabeza arriba

Las posturas y la fuerza de tu bebé determinan lo que puede hacer por sí mismo y el uso que puede darle a su entorno, y esta actividad le enseña a estirar hacia abajo las piernas y a controlar mejor la cabeza y el cuello. A las seis semanas de edad si colocas a tu bebé boca abajo parecerá una ranita: el peso del cuerpo recae en las extremidades superiores, con lo que la cadera se flexiona y la pelvis se eleva. Con el tiempo aprenderá a trasladar el peso del cuerpo a la parte inferior, a bajar el culito y a levantar la cabeza. Pero por ahora puedes ayudarle colocándole una toalla enrollada o un almohadón rectangular de espuma debajo del pecho.

Este ejercicio también activa «el reflejo espinal de Galant», mientras le acaricias con los dedos la espalda descendiéndolos a lo largo de la columna, descubrirás que arquea la espalda automáticamente y reacciona levantando la cabeza. Este reflejo ya lo tenía al nacer, pero normalmente empieza a desaparecer a partir de los tres meses.

Integración sensorial

Cuando le acaricias la espalda la sensación táctil que experimenta le anima a levantar la cabeza. Este movimiento estimula su sistema propioceptivo, el cual a su vez hace que reciba una respuesta procedente de los músculos, articulaciones y tendones, familiarizándole con las sensaciones que las caricias le producen. Esta actividad le ayuda a controlar mejor la cabeza y le ofrece una nueva y estimulante visión del mundo.

Qué es lo que necesitas
Una toalla
El juguete preferido de tu bebé

Habilidades que desarrolla
Control de cabeza y cuello

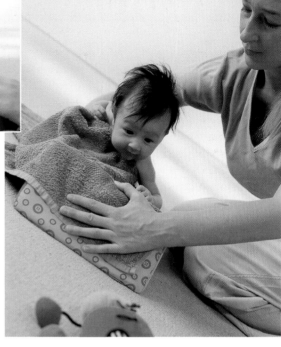

1 Tiende a tu bebé boca abajo y coloca su juguete favorito frente a él, a una distancia que le permita levantar la cabeza y fijar la mirada en el objeto. Para ayudarle, colócale una toalla enrollada o un almohadón rectangular de espuma debajo del pecho. Esta postura hará que el peso del cuerpo se traslade a la parte inferior del mismo y le fortalecerá los músculos alrededor de la parte superior de la columna.

2 Tu hijo ha de levantar la cabeza para mirar el juguete y probablemente incluso intentar cogerlo. Para que trabaje un poco más, coloca tu mano sobre la parte superior de su espalda y acaríciasela con los dedos descendiéndolos a lo largo de su columna. Esta sensación táctil le hará arquear la espalda y levantar la cabeza.

Tu bebé sólo es capaz de estar boca abajo por un corto tiempo. En lugar de prolongar esta actividad, repítela varias veces al día.

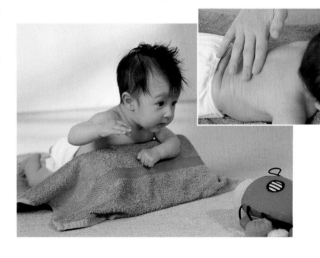

Plumas y plumeros

Para aumentar las sensaciones que tu bebé experimenta en su cuerpo, participa con él en este juego de estimulación sensorial. Reúne en primer lugar todos los objetos suaves que encuentres en tu casa: un pañuelo, un guante de terciopelo, un plumero nuevo, un muñeco de peluche o cosas parecidas. A continuación desnuda a tu bebé y colócalo boca arriba. Acerca tu rostro al suyo y háblale con ternura. Utiliza los objetos suaves para irle acariciando con dulzura la cara y el cuerpo. Observa cómo reacciona mientras le acaricias con los diferentes objetos distintas partes del cuerpo.

Levanta la cabeza y «anda»

Con una pequeña ayuda, incluso un bebé de corta edad que esté acostado puede sostener la cabeza al cogerlo para ponerlo derecho. ¿Cuál es el secreto? Mientras está acostado boca arriba, antes de cogerle en brazos, colócalo de lado, así la cabeza le quedará alineada con el cuerpo impidiendo que se le caiga hacia adelante o hacia atrás. Con este sencillo movimiento estimularás el desarrollo de tu bebé enormemente y harás que los músculos de su cuello trabajen a fondo.

Cuando hayas colocado a tu bebé derecho, sujétalo de modo que sus pies toquen el suelo y deja que con las piernas sostenga parte del peso del cuerpo, esto le ayudará a conocer mejor la parte inferior del mismo. Los bebés de corta edad al sostenerlos derechos suelen responder con el reflejo «de marcha». Intenta presentar esta actividad a un grupo de padres con bebés o durante una fiesta infantil, para que cada uno pueda sostener a su bebé y hacer que se acerque «andando» a otro bebé, y observa entonces cómo la concentración reflejada en todos los rostros se transforma en sonrisas.

Integración sensorial

Esta clase de control de la cabeza es una respuesta de adaptación a las sensaciones procedentes de los ojos y los músculos del cuello y a la incorporación del equilibrio del oído interno de tu bebé (el sistema vestibular). A esa edad tu bebé anda mientras lo sujetas por una reacción instintiva a unas sensaciones físicas, pero esta actividad le servirá para afinar los patrones musculares y los senderos neurales que necesitará más tarde para andar sin tu ayuda.

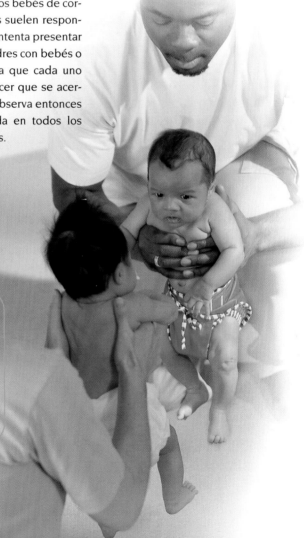

Qué es lo que necesitas
Sólo a ti y a tu bebé

Habilidades que desarrolla
Control de cabeza y cuello
Control de piernas
Percepción del cuerpo

1 Sujeta a tu bebé por el pecho y colócalo de lado. Esta postura evita que la cabeza se le vaya demasiado hacia adelante o hacia atrás mientras lo levantas y le ayuda además a sostenerla. Incluso los bebés de corta edad aprenderán pronto a sostener la cabeza al levantarlos de ese modo.

2 Cuando lo hayas puesto derecho, inclínalo un poco hacia adelante con los pies tocando el suelo. Tu bebé ha de levantar automáticamente un pie y dar un paso hacia adelante y luego avanzar con el otro pie. Está andando con tu ayuda. Sosténlo con firmeza —los bebés no tienen el suficiente equilibrio como para sostenerse por sí solos— y déjate llevar por él. El cambio de perspectiva le encantará. Cuando se hace más patente este reflejo es a las tres semanas de edad y luego desaparece alrededor de los dos o tres meses.

ADVERTENCIA

A las seis semanas de edad la zona de las cervicales y los músculos del cuello tienen aún poca fuerza. Los bebés de cuerpo grande son los que sobre todo pueden tardar más tiempo en aprender a controlar el considerable peso de su cabeza. Pon a tu hijo boca abajo, si es incapaz de levantar la cabeza de la superficie debes esperar un poco antes de hacer este ejercicio, para que los músculos del cuello se desarrollen más. Pero no esperes demasiado, ya que cuantas más oportunidades tenga de sostener la cabeza, más se desarrollarán los músculos. Antes de levantar a tu bebé, acuérdate siempre de colocarlo de lado para que la cabeza no se le caiga hacia adelante o hacia atrás.

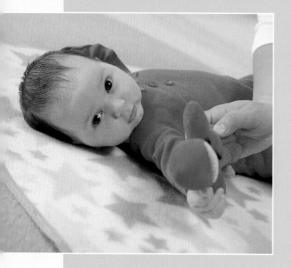

2

De dos a tres meses

Cuando un bebé de dos a tres meses de edad descubre cerca un objeto brillante o de vivos colores, expresa su excitación con todo el cuerpo. Si con una mano puede tocar el objeto deseado, lo agarrará de forma refleja. Y si por casualidad el objeto toca uno de sus pies, se pondrá a dar pataditas enérgicamente.

En esta etapa la mayoría de bebés pueden fijar la mirada en la línea media de su cuerpo durante poco tiempo, es decir, mirar directamente frente a ellos, al contrario de la tendencia de los recién nacidos a mirar de lado. Tu bebé puede ahora seguir con los ojos un objeto que se mueva desde uno de los lados al frente y desde el frente a uno de los lados, y también un objeto que se mueve más allá de la línea media de su cuerpo. Lo cual es un importante hito: el desarrollo de un buen control de la cabeza y de la conciencia visual es un paso fundamental para desarrollar una serie de habilidades que le permitirán relacionarse plenamente con su entorno.

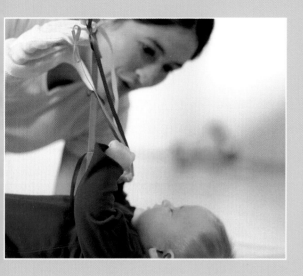

Cuantas más oportunidades le des a tu bebé de explorar el sentido del tacto, mayor número de sensaciones visuales y táctiles experimentará. Las actividades de este capítulo te ofrecen una variedad de estímulos adecuados para esa edad, pero no creas que has de limitarte a las sugerencias que en él se presentan. También puedes seleccionar en tu casa diversos objetos suaves al tacto de vivos colores y tocar con ellos las manos o los pies de tu hijo. Observa cómo reacciona, pronto descubrirás que no espera a que le acerques el objeto sino que deliberadamente alargará las manos para alcanzarlo.

Para que el tiempo de juego sea todo un éxito, asegúrate de elegir un momento en que tu bebé haya comido y descansado. Manténte atento a las señales que te envía y limita el tiempo de juego de acuerdo con ellas. Tu hijo de tres meses te indicará su deseo de jugar mirándote y sonriendo, y su deseo de dejar de jugar apartando la mirada, frunciendo el ceño o llorando. Te está realmente transmitiendo un mensaje por primera vez, ¡asegúrate de captarlo!

Coge el sonajero

A los tres meses un bebé puede seguir con la mirada tanto horizontal como verticalmente objetos que se encuentren a corta distancia. Su visión no se ha desarrollado por completo —no será capaz de seguir objetos con la mirada fácilmente en toda la amplitud del campo visual hasta los cuatro meses—, pero está aprendiendo constantemente a hacerlo. A esta edad también ha de empezar a abrir las manos al extender los brazos. Esto ocurre porque en esta etapa el reflejo de prensión, que en los dos primeros meses es cuando es más fuerte, empieza a ser reemplazado por una prensión voluntaria. La actividad de *coge el sonajero* le ayuda a desarrollar los movimientos voluntarios de golpear y asir un objeto, y mejora su seguimiento visual.

Integración sensorial

Esta actividad de coger un objeto puede parecer sencilla, pero requiere que el cerebro de tu bebé organice una serie de músculos que nunca antes había usado, ¡toda una hazaña para tu pequeño! El sentido del tacto de tu hijo envía mensajes a su cerebro para ayudarle a coger las cosas —el desarrollo de la prensión voluntaria es una «respuesta de adaptación» a esa sensación. Otra habilidad que esta actividad requiere es la coordinación oculomanual, el proceso a través del cual los ojos transmiten información al cerebro, el cerebro la transmite a los músculos y los músculos responden al recibirla. Tu bebé necesitará practicar mucho para poder adquirir ambas habilidades.

Qué es lo que necesitas
El chupador o el sonajero
preferido de tu bebé

Habilidades que desarrolla
Seguimiento visual
Coordinación oculomanual
Sujeción de un objeto

1 Coloca suavemente a tu bebé acostado sobre su espalda. Mantén primero un contacto visual con él acercando tu cara a la suya y hablándole dulcemente, y agita luego un poco el sonajero para atraer su atención.

2 Ofrécele el sonajero a la altura del pecho (si se lo pusieras delante de la cara podría intimidarle). Deja que decida qué mano desea utilizar en lugar de fomentar en él el predominio de un hemisferio determinado. Si no parece fijarse en el sonajero, tócale con éste suavemente el pecho para ayudarle a que fije en él su mirada.

3 Dale el tiempo necesario para que alargue la mano que prefiera y coja el sonajero. Probablemente lo sostendrá varios segundos antes de dejarlo caer. Como una vez lo haya soltado se olvidará en el acto del sonajero, ya que cuando un bebé deja de ver algo ya no existe para él, deberás volver a cogerlo y ofrecérselo de nuevo.

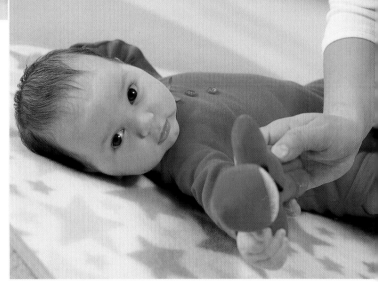

¿Qué cosas hace tu bebé al crecer?

A esta edad tu hijo es incapaz de soltar un objeto adrede. Cuando su muñeca está derecha, tiende a cogerlo, y cuando está flexionada, extiende los dedos y sin darse cuenta lo deja caer, esta reacción se llama efecto de tenodesis. Sólo empezará a soltar voluntariamente algo a partir de los nueve o diez meses.

Ahora toca de barriguita

Dar a tu hijo la oportunidad de estar un ratito «boca abajo» le ayudará a controlar más la cabeza y le permitirá contemplar su entorno desde una perspectiva distinta. Aunque los bebés hayan de acostarse boca arriba a la hora de dormir, los padres suelen ponerlos en esta postura también durante el resto del día. El resultado es que más adelante algunos bebés se resisten a permanecer acostados sobre el abdomen, con lo que pasan demasiado tiempo mirando al techo y no desarrollan lo suficiente los músculos del cuello, que son necesarios para poder gatear fácilmente.

Cuando le das la vuelta y lo colocas boca abajo le estás animando a levantar la cabeza, y este esfuerzo es recompensado por una visión más interesante y un entorno más estimulante que cuando se halla boca arriba mirando al techo. Al aprender a controlar mejor la cabeza gracias a esta postura, su atención visual también aumenta. Y gradualmente, con el paso del tiempo, llegará a ser capaz de seguir horizontalmente con la mirada los objetos efectuando con la cabeza um movimiento giratorio de 180 grados.

Integración sensorial

Mientras tu bebé levanta la cabeza o se acuesta sobre el abdomen, el fluido del oído interno mantiene al cerebro informado sobre el equilibrio y el movimiento de la cabeza. También recibe una respuesta procedente de los músculos y un estímulo visual al contemplar el mundo desde otra perspectiva. La combinación de estos distintos sentidos —vestibular, propioceptivo y visual— fomenta en él unas buenas reacciones posturales, el conocimiento del cuerpo y el seguimiento visual.

Qué es lo que necesitas
Sólo a ti y a tu bebé

Habilidades que desarrolla
Seguimiento visual
Conocimiento del cuerpo

1 Tiende suavemente a tu bebé sobre su espalda y muéstrale uno de tus dedos a una distancia que pueda agarrarlo. Mueve el dedo hacia uno de los lados y observa cómo lo sigue con la mirada, las manos y el cuerpo.

2 Ha de intentar alargar la mano y agarrar el dedo, y como al hacerlo, su hombro se moverá en la misma dirección, seguramente dará media vuelta y se quedará apoyado sobre la barriguita. Si no es así, ayúdale a adquirir esta postura poniéndole un dedo detrás de la rodilla y empujándolo suavemente.

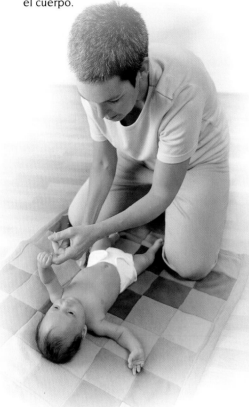

3 Deja que intente hacerlo por sí mismo. Si un brazo le queda atrapado debajo del estómago, levántale un poco el cuerpo en el lugar donde ha quedado aprisionado e intenta que sea él el que lo libere. Si le resulta difícil conseguirlo, acaríciale con suavidad el brazo: esta estimulación adicional le recordará al cerebro que ha de reaccionar. Asegúrate de hacer esta actividad hacia ambos lados, sobre todo si adviertes que tu bebé tiene un lado del cuerpo más fuerte que el otro.

El perrito caliente

Para variar esta actividad, envuelve a tu bebé con una toalla para darle la vuelta hacia un lado y luego hacia el otro. Coloca la toalla extendida sobre la cama u otra superficie blanda y tiende a tu hijo boca arriba en uno de los extremos. Levanta a continuación lentamente el extremo de la toalla para que tu bebé se vaya colocando de lado y luego boca abajo, al principio puede que se resista empujando la toalla con el brazo, pero pronto entenderá de qué va el juego. Luego, hazle rodar lentamente hasta que esté boca arriba otra vez.

Empuja y alcanza

De los dos a los tres meses de edad a tu bebé le empezará a gustar dar pataditas. Los movimientos de sus piernas se volverán más fuertes y empezará a trazar con ellas unos rítmicos movimientos circulares. Alrededor de los tres meses advertirás que las articulaciones de sus caderas y rodillas adquieren mayor flexibilidad y que dirige mejor su cuerpo. A esta edad el reflejo de enderezamiento y el reflejo de marcha empiezan a desaparecer y tu bebé va dominando cada día mejor los movimientos del cuerpo.

Esta actividad, concebida para aumentar la fuerza de sus piernas, a diferencia de los ejercicios pasivos —como puede ser el de manipular sus piernas imprimiendo un movimiento de pedaleo—, le anima a participar vivamente en ella al presionar con los pies tus manos para impulsarse hacia adelante.

Integración sensorial

El objetivo de esta actividad es alentar a tu bebé a coger un objeto que está fuera de su alcance. Depende de su habilidad para moverse y trasladar el peso del cuerpo a fin de poder tender la mano. Estas tempranas reacciones posturales le ayudan a levantar la cabeza y, más tarde, a ponerse boca abajo y gatear.

> **Qué es lo que necesitas**
> Una selección de juguetes
>
> **Habilidades que desarrolla**
> Control de cabeza y cuello
> Percepción del cuerpo
> Fortalecimiento y control de piernas

1 Coloca suavemente a tu bebé boca abajo. Si esta postura le resulta incómoda, ponle una toalla enrollada debajo del pecho para sostener la parte superior del cuerpo. Deja un juguete cerca de él, pero a una distancia que no pueda cogerlo.

2 Dóblale un poco las rodillas y coloca las plantas de sus pies en las palmas de tus manos. Para poder alcanzar el juguete, apoyará con fuerza los pies en tus manos, sigue ejerciendo presión sobre sus piernas flexionadas para que se vaya acercando al juguete. Al final del tercer mes ha de tener la fuerza necesaria para extender el brazo por sí solo.

3 Una vez haya cogido el juguete, déjale disfrutar de su merecido premio. No se lo vuelvas a alejar porque lo desalentarías. Dile lo bien que lo ha hecho y déjale jugar con él.

ADVERTENCIA

No hagas esta actividad después de haber alimentado a tu bebé porque la excitación que le provoca y la presión que ejerce sobre su barriguita podrían hacer que ¡dejase el suelo perdido! Acuérdate siempre de elogiar sus esfuerzos y muéstrale lo orgulloso que te sientes de él.

Diviértele con una pelota playera

Como las pelotas les gustan a los niños de todas las edades, esta actividad le encantará a tu bebé y, además, resultará beneficiosa para todo su cuerpo. Este ejercicio le estimula a levantar la cabeza y a mover los brazos hacia adelante. Los músculos de sus piernas se fortalecerán al tener que sostener el peso del cuerpo y también ejercitará a fondo los dedos de los pies al levantar las piernas para impulsarse. Descalza a tu hijo para que pueda sentir mejor el contacto del suelo y para que se encuentre más comodo al hacer la actividad.

Qué es lo que necesitas

Una pelota playera de unos 20-30 cm de diámetro, elige una de mayor tamaño si tu bebé está muy desarrollado para su edad

Habilidades que desarrolla

Control de cabeza, cuello y hombros
Control de piernas

Integración sensorial

Mientras tu bebé se mueve hacia adelante y hacia atrás, este movimiento estimula en él el sistema vestibular y el sistema propioceptivo, con lo que su cerebro recibe la reacción del oído interno, de los músculos y las articulaciones. A medida que aprenda a organizar esas sensaciones y a reaccionar a ellas, empezará a sostener la cabeza desafiando la fuerza de gravedad y a experimentar la sensación de presionar con los pies el suelo.

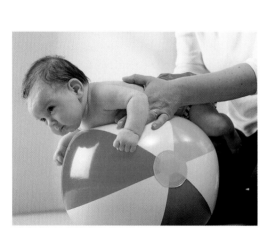

Para los bebés de más edad

Si quieres que esta actividad sirva también para un bebé de más edad, pon en el suelo, delante de la pelota, un sonajero o un juguete para animar a tu hijo a cogerlo. O un espejo, a fin de que pueda contemplarse en él cuando lo mueves hacia adelante.

1. Tiende a tu bebé boca abajo con la parte superior del cuerpo apoyada sobre la pelota, ha de poder tocar con los pies el suelo, si no fuera así significaría que la pelota es demasiado grande. Ha de levantar la cabeza y mirar a su alrededor.

2. Sosteniéndolo por la espalda, mécelo con suavidad hacia atrás y hacia adelante. Os resultará más cómodo a los dos si lo sostienes con las manos abiertas, apoyando los pulgares sobre su espalda y el resto de los dedos sobre la pelota. ¡Asegúrate de sujetarlo tanto a él como a la pelota!

3. Deja que toque el suelo con los pies y que levante las piernas para impulsarse. Como la pelota sostiene la mayor parte del peso de su cuerpo, podrá impulsarse con los dedos de los pies. Repite esta actividad tantas veces como él quiera, a medida que le vaya cogiendo el tranquillo empezará a estirar, mover y doblar los dedos de los pies al levantar las piernas y a extenderlos de nuevo al apoyar los pies en el suelo.

El reloj que hace tictac

A los bebés de corta edad les encanta la sensación de movimiento, aunque en esta etapa dependan en gran medida de sus padres para experimentarla. El sencillo movimiento lateral de esta actividad no sólo divertirá y entretendrá a tu hijo, sino que al mismo tiempo fortalecerá sus músculos del cuello, hombros y parte superior del torso.

Ten en cuenta que la frontera que separa una cantidad adecuada de estímulos y un exceso de ellos es muy sutil. Quizá sientas la tentación de jugar con tu bebé de una forma más brusca o incluso de lanzarlo al aire, pero ahora no es el momento adecuado para hacerlo porque a esa edad los músculos del cuello aún no se han desarrollado lo suficiente.

Integración sensorial

A los bebés les encantan las sensaciones que la gravedad y el movimiento les producen. Un bebé que llore o esté inquieto suele tranquilizarse al sostenerlo, mecerlo o recibir otra clase de suave estimulación vestibular y propioceptiva. A medida que tu hijo aprenda a interpretar esas sensaciones, controlará mejor la cabeza y conocerá más su cuerpo en general. El control motriz tiende a progresar de la cabeza hacia abajo y del centro del cuerpo al exterior, y tu bebé ha de poder controlar bien la cabeza, los hombros y el torso antes de aprender a utilizar los dedos de las manos y los de los pies.

Qué es lo que necesitas
Sólo a ti y a tu bebé

Habilidades que desarrolla
Control de cabeza y cuello
Alineación de la parte superior
e inferior del cuerpo

1 Tiende a tu bebé boca arriba y sosténlo por las axilas con los dedos de tus manos separados y los pulgares apoyados en su pecho. Esta posición te permitirá sostenerlo sin apretarle demasiado el pecho para que pueda respirar sin ningún problema.

2 Levántalo frente a ti para llamar su atención. Antes de hacerlo asegúrate siempre de colocarlo de lado para que pueda mantener la cabeza alineada como una prolongación del tronco.

3 Inclínalo lentamente hacia la derecha, el centro y la izquierda, y luego de nuevo al centro, como si fuera el péndulo de un reloj de pared. Mientras lo vas inclinando puedes si lo deseas emitir el sonido del tictac. Repite el movimiento hacia ambos lados cinco o seis veces. No obstante, si tus manos son pequeñas y tu hijo, grande, tal vez prefieras repetirlo menos veces.

ADVERTENCIA

A los dos meses no debes inclinar el cuerpo de tu bebé más de 45 grados porque le resultaría difícil mantener la cabeza derecha. Cuanta más edad tenga y cuanto más fuertes sean los músculos del cuello, más puedes inclinarlo, pero nunca lo inclines hasta el punto de que no pueda mantener la cabeza alineada con la columna.

El móvil del guante

Los objetos de vivos colores que se mueven intrigan mucho a los bebés de este grupo de edad. En lugar de limitarte a colgar en el techo o en la cuna un móvil adquirido en una tienda, es mu-

Qué es lo que necesitas
Un guante de algodón
Tiras de cintas de distintos colores

Habilidades que desarrolla
Control de cabeza y cuello
Seguimiento visual
Coordinación oculomanual

cho más interesante disponer de un móvil portátil que puedas acercar al campo visual de tu bebé para que le sea posible alcanzarlo y jugar con él. Para construir un móvil portátil e interactivo ata algunas cintas de vivos colores a los dedos de un guante. El movimiento de las cintas estimulará el movimiento del cuello y los ojos a una edad en la que tu bebé está desarrollando la fuerza necesaria para levantar la cabeza, pero en la que aún tiende a mirar lateralmente el mundo. Este móvil también es una práctica distracción para tu hijo al viajar en coche o ir a una tienda, y se lleva fácilmente en el bolsillo.

Integración sensorial

La combinación de estimulación visual y táctil que recibe tu hijo al contemplar y tratar de agarrar las cintas fomenta el seguimiento visual, el control de la cabeza y la acción de prensión. El extender los brazos para tocar los objetos le ayuda a disminuir su reflejo de prensión tónico (abrir y cerrar las manos y agarrar objetos automáticamente), avanzando un paso más hacia el uso voluntario de las manos.

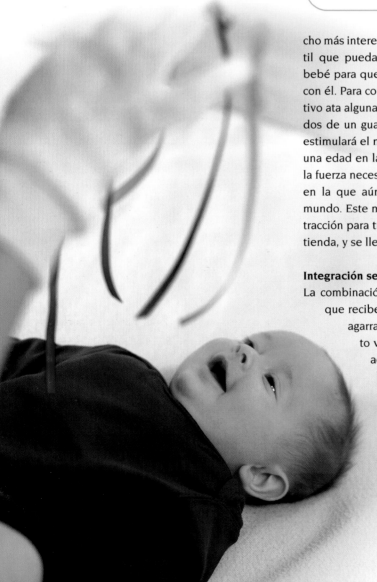

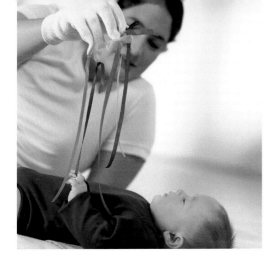

1 Atrae la atención de tu bebé agitando las cintas a la altura de su pecho o rozándoselo con ellas. No se las acerques demasiado a la cara porque podrías incomodarle.

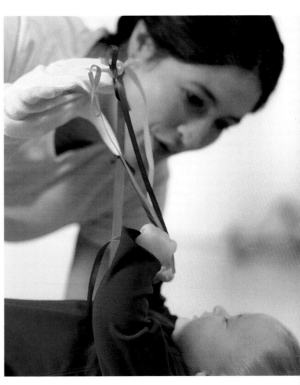

2 Desde el centro de su cuerpo mueve el guante a la derecha, al centro y luego a la izquierda. Llévalo a continuación por encima de su cabeza y después un poco más abajo del nivel de los ojos. Este movimiento del guante estimula el seguimiento visual y el control de la cabeza.

3 Detén el guante a la altura de su pecho y deja que tu bebé coja las cintas que cuelgan de él. Cuanta más edad tenga, con más rapidez las cogerá.

¿Qué cosas hace tu bebé al crecer?

Observa cómo tu hijo puede ahora mover libremente la cabeza hacia los lados y mantenerla también por un corto tiempo en el medio. La habilidad de seguir visualmente un objeto de ese modo le ayuda a desarrollar toda una gama de movimientos del cuello. Advertirás que se vuelve más receptivo y que su nivel de atención aumenta a medida que mejora su habilidad para mantener un objeto o una persona en su campo visual.

¿Quién aparece en el espejo?

Para un bebé de dos meses aquello que no ve no existe. Pero durante el primer año, tu hijo va comprendiendo poco a poco que las personas y los objetos siguen existiendo aunque no pueda verlos. Este concepto conocido como «permanencia de los objetos» es un hito de gran importancia en el proceso de desarrollo infantil.

Si has puesto en práctica los ejercicios de las páginas 20-21, cuanto tu hijo tenga dos meses de edad intenta mostrarle un espejo. Al contemplarlo verá su rostro reflejado en él y luego el tuyo. Se sorprenderá al descubrir que tú lo sostienes a él y al mismo tiempo estás en el espejo, un signo de que está empezando a adquirir la idea de la permanencia de los objetos. Jugar a esta clase de actividad hará que se vaya acostumbrando a la aparición y la desaparición de los rostros en el espejo, y le ayudará a aprender que el mundo, a pesar de estar cambiando constantemente, sigue siendo un lugar estable y seguro.

Qué es lo que necesitas
Un espejo irrompible de tamaño mediano

Habilidades que desarrolla
Seguimiento visual
Conocimiento de la permanencia de los objetos

Integración sensorial

Un espejo es una forma muy eficaz de estimular el desarrollo visual y cognitivo de tu recién nacido porque le da una visión que siempre está cambiando del mundo. Tu bebé utilizará esas pistas visuales a medida que vaya aprendiendo a distinguir las imágenes reflejadas de las del mundo real.

1 Coloca suavemente a tu bebé boca arriba. Sostén el espejo frente a su rostro a unos 25 cm de distancia para que se vea en él. Deja que toque el espejo si lo desea, esta información táctil adicional le ayudará a distinguir la imagen reflejada de la imagen real. Levanta el espejo algunos centímetros para que lo siga con la mirada.

2 Inclina el espejo para ver a tu hijo en él, lo cual significa que él te estará viendo a ti. Mueve el espejo para que tu imagen aparezca y desaparezca y di «cu-cú» cada vez que vuelva a aparecer. Observa la reacción de tu bebé. Parpadear es una reacción de curiosidad que muestra que está usando la información visual que recibe de una forma fundamental: cierra y abre los ojos para comprobar si la imagen cambia.

Para los bebés de más edad

Con un bebé de más edad puedes jugar a un juego similar utilizando pañuelos de distintos colores y tamaños: unos opacos y otros translúcidos, unos tan pequeños que tan sólo cubran tu rostro y otros tan grandes que oculten los de los dos. Este juego sirve para enseñarle la idea de que las personas y los objetos siguen manteniendo su identidad aunque algunos de sus aspectos cambien. Ocúltate el rostro con el pañuelo y luego descúbretelo para que vea tu cara de nuevo. Cubre después el rostro de tu bebé (brevemente) con el pañuelo. Quizá intente sacárselo él mismo de la cara o también puedes retirárselo tú.

Da pataditas a la pelota

A los tres meses de edad a la mayoría de bebés les gusta dar pataditas de manera rítmica. A tu hijo esta acción le ayuda a desarrollar los músculos de las piernas y la motricidad que necesitará más adelante, cuando aprenda a andar. Al ofrecerle una pelota liviana para que la golpee con los pies, aprende a ser más consciente de sus piernas y caderas; a algunos bebés con sólo ponerles la pelota junto a los pies ya empiezan a

Qué es lo que necesitas
Cordel, hilo o una cinta
2-3 pelotas livianas de varios tamaños

Habilidades que desarrolla
Acción de golpear
Percepción del cuerpo

levantar las piernas y a darle pataditas. A tu hijo le encantará esta actividad porque la presencia de un objeto que él hace mover con las piernas le confiere un especial atractivo y, al mismo tiempo, el movimiento de la pelota le ayuda a aprender la ley de causa y efecto.

Integración sensorial

El contacto con una pelota estimula el sistema propioceptivo de tu hijo, la sensación que le produce en las plantas de los pies le anima a estirar y contraer los músculos de las piernas y a flexionar las articulaciones. Esta actividad, al combinarse con el placer visual de ver rebotar la pelota al golpearla, fomenta en él un sano desarrollo físico.

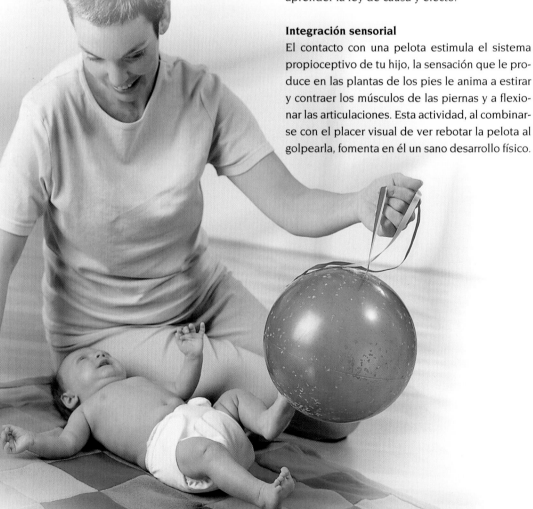

1 Sujeta un cordel, un hilo o una cinta a la superficie de una pelota liviana. Si dispone de una boquilla, sujétalo a ella, o si no, pégalo a la pelota con una potente cinta adhesiva. Tiende suavemente a tu bebé boca arriba, pon tus manos debajo de su culito para elevarle las piernas y con la mano libre, mueve la pelota frente a sus pies.

2 Deja que la pelota toque sus pies para animarlo a golpearla. Al principio puede que sólo le dé una patadita por casualidad, pero a medida que vaya viendo que se mueve y experimentando la sensación que le produce, descubrirá que puede provocar el mismo efecto adrede. Así aprende que puede influir sobre el mundo que le rodea.

3 Cuando le haya cogido el tranquillo al ejercicio, repítelo usando otras pelotas de distintos tamaños. Al cambiar de tamaño, tu hijo irá aprendiendo a ajustar el golpe.

¿Qué cosas hace tu bebé al crecer?

A los dos meses tu bebé parece mover las piernas sin una razón y golpear con los pies objetos por casualidad, sin hacerlo deliberadamente, pero pronto se familiarizará con las sensaciones que esto le produce. A los tres meses ya coordinará mejor las piernas. A los cuatro ha de ser capaz de tocar la pelota con los pies y atraparla con ellos, y a los cinco es posible que haya aprendido a coordinar las manos y los pies hasta el punto de atrapar la pelota con los pies y pasársela a las manos.

3

De cuatro
a cinco meses

Tu bebé ahora ya puede controlar sus movimientos. Al iniciar el aprendizaje motor pasará por una etapa de desorganización, pero incluso el niño más pasivo pronto aprenderá a controlar tanto los movimientos de las distintas partes del cuerpo como los del cuerpo entero.

Desde el cuarto o quinto mes hasta el primer año, tu bebé va progresando rápidamente en la actividad motora a medida que aprende a mover y controlar su cuerpo en el espacio. Haciendo gala de una gran energía, practica los patrones motrices burdos repetidamente y se siente frustrado si es incapaz de pasar de una postura a otra. Aunque algunos bebés sean menos activos en cuanto a practicar los movimientos del cuerpo entero, repiten otros patrones motrices como los de chupar, intentar alcanzar y agarrar juguetes, o jugar con los dedos de las manos y los pies.

Tu hijo aprenderá a alargar la mano con seguridad para coger un objeto y a manipularlo. Esta actividad requiere la coordinación de la vista, el tacto y los movimientos, y constituye la base para percibir la profundidad, las propiedades físicas de los objetos, y otras muchas características como son la forma, el tamaño, la superficie o el peso de los mismos. Ofrécele un juguete que cuelgue sobre él y advierte cómo acerca la mano para cogerlo, cómo aprende a controlar sus movimientos, y su comprensión de la forma, la posición y la distancia del objeto. Una vez lo rodee con las manos, lo estudiará con todos sus sentidos.

A esta edad les encanta meterse todo cuanto encuentran en la boca. Para los bebés la boca es un órgano sensorial mucho más importante que para los niños de más edad: cuando éstos empiezan a hablar pierden interés por esta clase de investigación. Cuando tu hijo se mete algo en la boca empieza a construir en su cerebro un modelo mental del objeto y a aprender más sobre su entorno. Lo cual es muy importante, pero no significa que deba meterse en la boca todo cuanto agarre. Asegúrate de que los objetos que tenga a su alcance no sean tóxicos ni demasiado pequeños para evitar que pudiera atragantarse con alguno de ellos.

Le fascinan sus pies

A medida que los músculos del abdomen y de los muslos de tu bebé de cuatro meses se van fortaleciendo, ha de poder levantar las piernas y tocarse las rodillas con las manos. Hacia el quinto o sexto mes ya podrá cogerse los pies y metérselos en la boca, haciendo uso del creciente control que va adquiriendo sobre sus extremidades superiores e inferiores.

Ponle unos calcetines decorados con cascabeles para atraer su atención y observa cómo juega con sus manos y sus pies, y coordina los ojos y las manos. Al principio tal vez no logre cogerse los pies con las manos, pero pronto aprenderá a calcular bien su objetivo y a cogérselos. Su habilidad para mantener esta postura para jugar con

Qué es lo que necesitas
Cascabeles, lentejuelas y otros objetos pequeños brillantes
Unos calcetines de bebé

Habilidades que desarrolla
Coordinación bilateral
Control de caderas
Coordinación oculomanual

sus manos y sus pies indica que está aprendiendo a equilibrar y controlar los músculos flexores y extensores de las caderas. Más adelante necesitará la interacción que existe entre esos músculos para sentarse y mantener la estabilidad.

Integración sensorial
Esta actividad le anima a seguir desarrollando el conocimiento de su cuerpo a través de la autoexploración y la estimulación táctil y auditiva. Además, fomenta la coordinación de dos partes del cerebro, la que usa para ver y la que usa para tocar.

1 Cose en unos calcetines de bebé varios objetos que atraigan su atención, como cascabeles, abalorios, lentejuelas o botones. Tiende a tu hijo boca arriba y ponle los calcetines. Si es necesario, levántale el culito y muévele los pies para atraer su atención.

2 Observa cómo juega con los calcetines e intenta cogerse los pies. A los seis meses ya ha de poder jugar con un pie usando las dos manos, lo cual indica que es consciente de la línea media de su cuerpo y que puede ver un objeto que se mueve más allá de ella. Si logra arrancar algún objeto de los calcetines, quítaselo antes de que intente metérselo en la boca.

Los globos rebotadores

Adquiere varios globos resistentes y coloca en el interior de cada uno de ellos algún objeto o sustancia que haga ruido al mover el globo, como cascabeles, arena, agua, pasta de sopa... ¡usa la imaginación! Hincha los globos y ata una cinta en su extremo.

Tiende a tu bebé boca arriba y ve mostrándole los distintos globos, uno por uno, sosteniéndolos por encima de su pecho. Los objetos del interior de los globos impedirán que se eleven demasiado en el aire y harán que el globo tenga el peso adecuado para que pueda cogerlo o golpearlo con los pies o las manos. Si se cansa de estar tendido boca arriba, ponlo boca abajo para que vaya aprendiendo a controlar el cuello. Incluso puedes sentarlo, siempre que lo sostengas por las axilas, ya que la parte inferior de su espalda aún no tiene la fuerza suficiente como para sostener el peso de su cuerpo.

Agarra los juguetes

A esta edad tu bebé ya mantiene un contacto más coherente con los juguetes porque su habilidad visual, táctil y motora ha aumentado. Le encanta metérselos en la boca para estudiarlos con más detalle y tiene mayor destreza explorando y examinando los objetos por medio del tacto. No sólo le gusta contemplar los móviles, sino que además quiere alcanzarlos y tocarlos.

Para construir un estimulante móvil con el que tu bebé pueda jugar contigo, utiliza un pequeño tendedero y cuelga en él diversos objetos sujetándolos con clips, así los podrás cambiar y variar fácilmente. Como a los bebés les atraen sobre todo los rostros humanos, dibuja o recorta caras de bebés, o mejor aún, utiliza fotografías de miembros de la familia o de parientes. Asegúrate de plastificarlas para que tu hijo no ingiera los colorantes del papel o las sustancias químicas de las fotografías.

Integración sensorial

Estos ejercicios le ayudan a cobrar conciencia de dónde están sus manos en el espacio. Para aprender a usarlas adecuadamente necesita utilizar el sentido del tacto, las sensaciones procedentes de los músculos y articulaciones (propiocepción) y también la vista.

Qué es lo que necesitas
Un pequeño tendedero o materiales para construir un móvil
Objetos de vivos colores para colgar en el móvil

Habilidades que desarrolla
Coordinación oculomanual
Prensión de objetos

1 Tiende suavemente a tu bebé boca arriba y cuelga el móvil hecho en casa por encima de su cabeza. Como al principio quizá le asuste, pónselo a una cierta distancia para que se vaya acostumbrando a su presencia: su curiosidad pronto disipará cualquier vestigio de timidez. Sonríele y habla con él.

2 Acércale el móvil para que pueda tocarlo y sopla hacia él, así los objetos se moverán y atraerán su atención. Ha de alargar la mano e intentar agarrar los distintos objetos que cuelgan por encima de él.

3 Observa qué objetos prefiere. ¿Qué es lo que le gusta contemplar o agarrar? Cambia los objetos del móvil con regularidad para que sigan estimulando e interesando a tu hijo.

ADVERTENCIA

Los bebés encuentran más fascinantes los juguetes hechos en casa, como este móvil, que los juguetes más caros que se adquieren en las tiendas, pero debes cerciorarte de que sean seguros. Si tu bebé es rápido y bastante fuerte, acabará arrancando los objetos del móvil y metiéndoselos en la boca, de modo que cuelga muñecos que no se rompan y que no comporten el peligro de que pudiera atragantarse con ellos.

Descubre el juguete y va a por él

Hacia el cuarto o quinto mes, tu bebé alarga la mano para agarrar un objeto e intenta manipularlo. Esta actividad requiere cierto control de las manos, pero la habilidad para localizar y alcanzar algo también implica control del cuerpo y coordinación.

La actividad de alcanzar un objeto aumenta la atención, fortalece los músculos del cuello y le ayuda a controlar la parte superior del cuerpo. Al intentar agarrar el muñeco, quizá empiece a impulsarse hacia adelante usando el otro brazo o haciendo presión con las piernas si puede apoyarlas contra algo. Transferir el peso del cuerpo constituye la base para cualquier tipo de locomoción normal: arrastrarse, gatear, encaramarse y caminar.

Integración sensorial

La respuesta de adaptación que consiste en tender la mano para agarrar un objeto ayuda al cerebro a desarrollarse y a organizarse. Requiere la coordinacion de la vista y el tacto y una percepción profunda, así como saber que los objetos tienen forma, tamaño, superficie o peso. Nadie puede crear una respuesta de adaptación por el bebé, debe hacerlo por sí mismo.

Qué es lo que necesitas
El juguete preferido de tu bebé

Habilidades que desarrolla
Seguimiento visual
Control de la parte superior
del cuerpo, de la cabeza
a las caderas
Acciones de extensión,
prensión y empuje

1 Siéntate en el suelo con las piernas extendidas. Acuesta a tu bebé boca abajo con el pecho apoyado sobre una de tus piernas para que pueda mover los hombros y los brazos libremente. Elige su juguete preferido de vistosos colores y ve moviéndolo en el aire frente a él para que lo contemple. Muévelo lentamente de derecha a izquierda, de arriba a abajo, y luego trazando movimientos circulares y en diagonal. Cuanto mayor sea el campo visual de tu hijo, mayor será la curiosidad que le provoque y el entusiasmo con que intente agarrarlo.

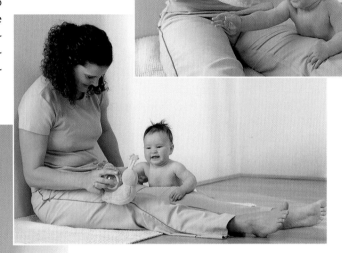

Jugando a ser un avión

Es excitante ver cómo un bebé juega «a ser un avión» equilibrándose sobre su barriguita con las manos y los pies levantados en el aire como si estuviera volando. Este juego también te permite sacar una estupenda foto, ya que al imitar el vuelo de un avión los bebés suelen poner una expresión de determinación o de regocijo. Tiende a tu hijo sobre tu regazo para que tenga la impresión de estar volando en el aire. Para conseguir hacerle reír, ¡haz el avión en el suelo a su lado!

2 Coloca el juguete un poco fuera de su alcance para animarlo a impulsarse hacia adelante al intentar agarrarlo. Ponle una mano detrás de los pies para que pueda impulsarse hacia adelante apoyándose contra ella. Si está desesperado por conseguir el juguete, dáselo, ¡se supone que esta actividad es para que se divierta! Después de hacer una pequeña pausa, deja que lo intente de nuevo.

Se pone en pie

Alrededor del cuarto mes tu bebé ya puede agarrarse a tus dedos con la suficiente fuerza como para que lo eleves para sentarlo o ponerlo en pie. A los cinco meses incluso puede que doble los codos a la altura del pecho para levantarse. Si tu bebé es capaz de flexionar ligeramente los brazos sin levantar los hombros, es un signo de que tiene la suficiente fuerza como para mantenerse agarrado a tus dedos mientras intenta enderezarse. A los cinco meses ya ha de poder sostener con las piernas casi todo el peso del cuerpo. Observa cómo tu propio cuerpo se mueve al pasar de estar sentado a ponerte de pie, te resultará útil a la hora de guiar a tu pequeño.

Esta actividad no está pensada para enseñarle a sentarse o a ponerse en pie —estas posturas ha de adoptarlas espontáneamente y dependen de su propio ritmo de desarrollo—, sino para estimularle a fijar la mirada para aumentar la estabilidad de su cabeza, mejorar su capacidad de prensión y adquirir un buen control de la región abdominal, las caderas y las rodillas. También le fortalecerá los músculos de la piernas y le ayudará a tener más equilibrio.

Integración sensorial

A medida que aprende a asimilar la información procedente de sus distintos sentidos, sus músculos son capaces de responder a los cambios que su cuerpo realiza al cambiar de posición contrayéndose para poder mantener el cuerpo derecho y controlar sus movimientos.

Qué es lo que necesitas
Sólo a ti y a tu bebé

Habilidades que desarrolla
Control y equilibrio de todo el cuerpo

1. Coloca suavemente a tu bebé boca arriba y ofrécele el índice de tus manos para que se agarre a ellos. Apoya tus pulgares en el dorso de sus manos para poder sostenerlo si se suelta sin querer. Puede que tengas que separarle las piernas para que no las cruce.

2. Cuando se haya agarrado bien a ti, gira su cuerpo un poco hacia un lado para que la cabeza le quede alineada con el tronco, y ve acercándote las manos hacia el pecho. Si es posible, intenta que se enderece por sí mismo. Para poder llegar a sentarse, levantará la cabeza y flexionará los codos.

3. Ve tirando ahora de él lentamente hacia adelante para que llegue a ponerse en pie. Cuando sus rodillas estén alineadas con sus pies, podrá levantarse por sí solo sin necesidad de que sigas tirando de él. Háblale para que te mire a la cara, así mantendrá la cabeza derecha. Cuando se haya puesto en pie, ofrécele una gran sonrisa.

Prueba a hacer el mismo ejercicio usando un palillo (de los utilizados en la cocina oriental) o una cuchara larga de madera, así tu bebé tendrá que ajustar la fuerza de sus manos y su cuerpo sin tu ayuda, y al hacerlo, su confianza en sí mismo aumentará. Ponle una mano en la espalda por si acaso suelta el palillo y se cae.

4. Empuja con suavidad las manos de tu bebé hacia atrás para que vuelva a sentarse, controlándolo a través de sus brazos flexionados. Desde esta posición, ve guiándolo para que se tienda boca arriba de nuevo.

Levanta en el aire a tu bebé

A los cinco meses tu bebé entra en una etapa activa. Le encanta que lo levanten en el aire y con un poco de ayuda se convierte en un gran saltador. Ahora los músculos de su espalda y del cuello ya son lo bastante fuertes para mantener su cuerpo derecho; al elevarse y descender, sus piernas se doblan y se extienden, y los músculos del estómago se tensan para sostener el peso de las caderas y las piernas. De hecho, tal vez descubras que le gusta tanto esta actividad que nunca tiene bastante, los movimientos ascendente y descendente aumentan su campo visual y constituyen un ejercicio estimulante y tonificante. Si da señales de estar cansado, finaliza la actividad, pero lo más probable es que sean tus brazos y no él los que se cansen primero.

Integración sensorial

A esta edad ha de ser capaz de integrar su sentido de la gravedad con su sentido del movimiento. La estimulación cinestética producida por los movimientos ascendentes y descendentes de este ejercicio estimulan el sentido de orientación espacial y el equilibrio (el sistema vestibular) de tu bebé, y todo esto contribuye a aumentar su desarrollo motor. Sólo has de observar la expresión de su cara para darte cuenta de lo excitante que este tipo de estimulación vestibular es para él.

Qué es lo que necesitas
Sólo a ti y a tu bebé

Habilidades que desarrolla
Control de cabeza y cuello
Alineación de la parte superior
e inferior del cuerpo

1 Sujeta a tu bebé por las axilas y ponlo de pie lentamente, acuérdate de girarlo un poco hacia un lado para que al levantarlo pueda sostener su cabeza. Sus pies han de estar planos en el suelo apoyándose ligeramente en él.

Las bolsas que chapotean

Llena varias bolsas de plástico de autocierre que sean resistentes, como las que se usan para congelar, con distintas cantidades de agua. Añade a cada bolsa unas gotas de colorante alimentario y varios trozos de verduras crudas. Llena algunas con agua fría y otras con agua tibia. Tu bebé sentirá el peso de la bolsa en una mano y quizá se la pase a la otra. Pónsela en distintas partes del cuerpo para que conozca las diferentes sensaciones que le producen.

2 Empuja poco a poco a tu bebé hacia el suelo para que doble las rodillas. Ayúdalo luego a levantarse hasta que sus piernas estén totalmente estiradas. Sigue levantándolo en el aire frente a ti.

3 Levántalo ahora por encima de ti. La sensación que experimenta al moverse en el aire ha de hacerle reír alegremente. Sonríele y anímale mucho. Desciéndelo luego para que vuelva a quedarse de pie y repite el ejercicio tantas veces cómo él quiera.

4

De seis a siete meses

Tu pequeño bebé se ha vuelto ahora bastante activo. Puede girar sobre sí mismo para ponerse boca arriba o boca abajo y mover el cuerpo de un lado a otro. Tal vez incluso gatee. Se está volviendo increíblemente independiente. ¿Estás preparado para ello? Espera encontrar tiestos volcados y sillas caídas, ¡todo ello en nombre de la investigación, como es natural!

Durante esta etapa siente una fuerte necesidad instintiva de ponerse en pie y sus primeros intentos para ponerse a gatas pueden frustrarlo. Las siguientes actividades le ayudarán a fortalecer los músculos y a aumentar la coordinación para que pueda gatear. El hecho de jugar con las manos o los pies también es importante desde un punto de vista táctil y visual.

Además, está aprendiendo a alargar la mano y agarrar un objeto con bastante precisión y su capacidad motora sutil, el uso de los dedos y las manos para realizar movimientos pequeños y coordinados, también está mejorando. Una vez

aprenda a sujetar un juguete, empezará a pasárselo de una mano a la otra para practicar esta nueva habilidad. La destreza de agarrar y manipular objetos es otra habilidad que se destaca en este capítulo.

No compares el desarrollo de tu hijo con el de otros niños de su misma edad ni con los datos que aparecen en las tablas o las listas de los manuales. Tu hijo es único. Alcanzará cada hito sólo cuando esté preparado para ello física, mental, cognitiva y socialmente. El ritmo de desarrollo es muy distinto de un bebé a otro, sobre todo a los siete meses. Respeta el desarrollo de tu hijo, ¡no intentes acelerarlo!

El hecho de que empiece a gatear a los seis o a los diez meses ocupa un lugar muy poco importante en su vida. Estas actividades no están concebidas para que tu bebé se convierta en un gran gimnasta o en un corredor de élite, ni siquiera para que «aventaje» a otros niños de su misma edad, sino para que aprecies el increíble desarrollo que va haciendo, y para ofrecerte una excusa y una estructura para jugar juntos, y ayudarte a pasar con él muy buenos momentos.

Diviértele con plumas

A los bebés les fascinan las plumas, cuanto más suaves y vistosas sean, mejor. Acaricia a tu hijo con una pluma desde la cabeza hasta la punta de los pies, así percibirá dónde empieza y termina su cuerpo. Métesela luego entre los deditos de un pie para que alargue las manos para cogerla. Esta actividad, al enseñarle a controlar con la vista los movimientos de las manos, desarrolla su coordinación oculomotora y mejora también su control de los movimientos de las extremidades inferiores.

Integración sensorial

Este ejercicio actúa sobre todo en el sistema táctil de tu bebé. Su sentido del tacto envía mensajes al cerebro para ayudarle a dirigir la mirada hacia la fuente de estímulos. Luego, tu hijo integra las sensaciones táctiles procedentes de los músculos y las articulaciones de brazos, manos, piernas y pies para poder reunirlas y alargar los brazos para coger la pluma con una mano o con las dos. Al cruzar con una mano el centro del cuerpo para llevarla al pie opuesto, va aprendiendo poco a poco a agarrar con más destreza la pluma con el pulgar y el índice. El ser capaz de cruzar la línea media de su cuerpo es esencial para el desarrollo equilibrado de los hemisferios derecho e izquierdo del cerebro.

Qué es lo que necesitas
Una pluma de vistosos colores
de 10-25 cm de largo

Habilidades que desarrolla
Cordinación oculomanual
Disociación de la parte superior
e inferior del cuerpo
Flexibilidad de caderas

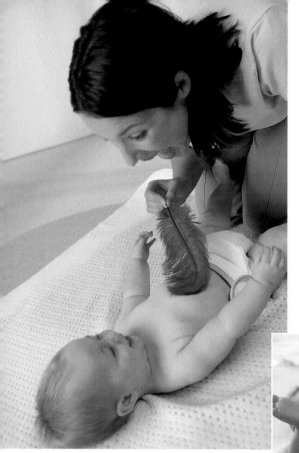

1 Tiende suavemente a tu bebé boca arriba y mueve la pluma frente a él para atraer su atención. Acaríciale el cuerpo con la pluma desde la punta de la cabeza hasta la punta de los pies.

2 Métele ahora la pluma entre los deditos del pie. Si no parece advertirla, levántale el pie para que la vea, así le estimularás visualmente y fomentarás la coordinación oculomanual al intentar él coger la pluma.

3 Una vez la haya cogido, déjale jugar con ella tanto como quiera pero no le quites el ojo de encima por si se la mete en la boca. Después pídele que te la devuelva. Al principio probablemente tendrás que quitársela con suavidad, pero si te la devuelve, dale las gracias.

¿Qué cosas hace tu bebé al crecer?

Si practicas este ejercicio con regularidad podrás ver cómo las reacciones que tu hijo muestra ante los estímulos van cambiando y se desarrollan con el paso del tiempo.
Por el momento ¿por qué se decanta más, por lo táctil o por lo visual?
Al meterle la pluma entre los dedos del pie ¿los extiende o los dobla?
¿Separa los dedos intentando abarcar el tamaño de la pluma?
¿Se pasa la pluma de una mano a otra o se la mete directamente en la boca?

Da una voltereta en el aire

A medida que tu bebé va creciendo, necesita aprender a orientar su cuerpo en el espacio, este ejercicio le ayudará a habituarse a las distintas sensaciones que esto le produce. Al principio, cuando su cabeza esté en el aire y le hagas dar una voltereta antes de dejarlo sobre la colchoneta, se sentirá desorientado, pero después de haberlo hecho varias veces aprenderá pronto a ajustarse a cualquier posición que su cuerpo adopte. Con cuanta más confianza lo levantes para ponértelo sobre el hombro, más tranquilo se sentirá.

Cuando tengas a tu bebé sobre el hombro, levantará con alegría la cabeza para mirar a su alrededor, con lo que se le fortalecerán los músculos de la parte superior del cuerpo. Esta clase de estimulación vestibular constituye para él una forma fenomenal de explorar el mundo desde distintas perspectivas.

> **Qué es lo que necesitas**
> Sólo a ti y a tu bebé
>
> **Habilidades que desarrolla**
> Desarrollo de los músculos de la espalda
> Flexibilidad de las caderas
> Sentido del espacio

Integración sensorial
La información vestibular que recibe tu bebé se procesa, junto con la información procedente de su sistema propioceptivo y de su visión, en la corteza cerebral. Esta información le permite saber dónde se encuentra en el espacio y le indica cómo ha de reaccionar para mantener esa postura y el equilibrio.

1 Tiende suavemente a tu bebé boca arriba, con la cabeza junto a tu cuerpo y los pies en dirección opuesta. Sujétalo con firmeza rodeándole la caja torácica con las manos, con los pulgares en la parte frontal del cuerpo y los otros dedos separados abarcando la parte posterior.

2 Antes de levantarlo, inclínalo un poco hacia un lado como siempre haces. Ve dándole ahora media vuelta con suavidad y elévalo hasta ponértelo sobre uno de los hombros. Si lo haces girar en el aire hacia su lado izquierdo, póntelo en el hombro izquierdo y viceversa. Una vez esté sobre tu hombro, ha de extender los brazos hacia los lados y levantar la cabeza.

3 Para volver a tenderlo en la postura inicial, ponle una mano sobre el culito y la otra detrás del cuello para sostenerle la cabeza. Inclínate hacia adelante y llévalo hacia el suelo dándole media vuelta de nuevo. Su espalda y sus hombros han de alcanzar la colchoneta antes que el resto del cuerpo. Mientras realizas la actividad ve hablándole.

El superbebé

Si te sientes seguro y él parece estar contento sobre tu hombro, ponte de pie lentamente y camina un poco llevándolo ¡como si fuera un avión! Y no te olvides de sonreírle y hablarle a lo largo de toda la actividad.

Gatea en busca de juguetes

A los seis meses a los bebés les gusta estar boca abajo porque pueden levantar el cuerpo apoyándose con los brazos, cambiar de lugar el peso del mismo para alargar la mano y agarrar juguetes de distintos tamaños. Si a tu hijo no le gusta esta posición, es posible que le estés poniendo las cosas demasiado fáciles ofreciéndole los juguetes en la mano o dejándoselos demasiado cerca para que no haya de esforzarse para conseguirlos. Esta clase de actividades le estimularán y constituirán un reto para él.

Tu bebé tiene el vivo deseo de desplazarse, pero no siempre posee la habilidad necesaria, ya que esta propulsión hacia adelante requiere una combinación de movimientos que aparecen hacia los siete meses. Pero con un poco de ayuda —una mano que lo guíe y una pierna en la que apoyarse para impulsarse hacia adelante—, tu hijo estará listo.

Integración sensorial

Alargar la mano para coger los objetos ayuda a que el cerebro de tu bebé se desarrolle y organice. Mientras extiende el brazo y avanza hacia adelante, ha de coordinar las extremidades y reaccionar a los cambios de información procedentes de los distintos sentidos. Estos movimientos le ayudarán a comprender cómo funciona su cuerpo.

Qué es lo que necesitas
El juguete preferido de tu bebé

Habilidades que desarrolla
Acciones de prensión y empuje
Acción rudimentaria de gateo

1 Siéntate en el suelo con las piernas extendidas frente a ti. Tiende a tu bebé boca abajo con la parte superior del cuerpo apoyada sobre tu pierna izquierda. Ha de tener espacio suficiente como para apoyar los pies contra tu pierna derecha e impulsarse con ellos hacia adelante.

2 Sostén su juguete preferido frente a él a una distancia que no pueda alcanzarlo y anímale a «gatear» sobre tu pierna. Empezará a dar pataditas mientras intenta cogerlo y en el proceso se encaramará a ella. Observa cómo usa los brazos para levantar el cuerpo del suelo. Coloca tu mano sobre su culito por si va demasiado deprisa y pierde el equilibrio.

3 ¡Cuando consiga su objetivo dale un beso! Gíralo luego de cara a la dirección de la que vino y repite la actividad. Si aprende a hacer esta actividad fácilmente, pónselo un poco más difícil colocándote de lado y animándole a encaramarse sobre tus piernas o caderas.

¿Qué cosas hace tu bebé al crecer?

Antes de gatear de la forma cruzada clásica, tu bebé probará todos los otros métodos distintos para ello.
Puede desplazarse arrastrándose por el suelo sobre la barriguita.
Preferir dirigirse a su objetivo girando sobre sí mismo.
Intentar gatear como un comando apoyándose sobre los codos.
O incluso desplazarse sentado sobre el culito e impulsándose con los brazos.

Alcanza los juguetes mientras está sentado

De los seis a los siete meses tu bebé empezará a desarrollar el control del tronco y las caderas necesario para mantenerse derecho cuando está sentado. Probablemente podrá permanecer sentado en el suelo sin tu ayuda apoyando una mano en el suelo para sostener el cuerpo. Pero si le proporcionas un poco más de apoyo, podrá levantar los dos brazos y disfrutar jugando en esta posición.

La actividad consiste en animarle a coger un juguete que está casi a su alcance. Seguramente

Qué es lo que necesitas
El juguete preferido de tu bebé

Habilidades que desarrolla
Control de la parte superior del cuerpo
Acción de extensión y prensión

tendrás que sostenerlo cuando vuelva la cabeza hacia un lado, ya que al volverla el peso del cuerpo cambia de lugar y lo más probable es que tu bebé se caiga. La acción de alargar la mano, aunque sea seguida por una caída, le ayudará a desarrollar su capacidad perceptiva y cognitiva. Con cada nuevo movimiento está aprendiendo más cosas sobre la fuerza de gravedad y sobre sus propias habilidades.

Integración sensorial
La información que tu bebé recibe del sistema vestibular le ayuda a percibir su cuerpo y a realizar la planificación motora necesaria para pasar de estar sentado a la postura de gateo. Dirige el movimiento de todo su cuerpo.

1 Sienta a tu bebé en el suelo sosteniéndolo por la cintura. Deja un juguete a su lado, al principio cerca de él. Ha de volver la cabeza hacia el juguete y a continuación girar el tronco y los hombros. Es posible que con una mano se apoye en el suelo para sostener la parte superior de su cuerpo, pero ponle una mano delante por si llegara a caerse. Deja que juegue un poco con el juguete antes de colocárselo en el otro lado.

Aprende a girar el cuerpo

Tiende a tu bebé boca abajo. Deja su juguete favorito dentro de su campo visual, pero un poco fuera de su alcance. Realizará una serie de sorprendentes movimientos para lograr conseguirlo.

Contemplará el juguete y con los brazos levantará la parte superior del cuerpo.

Cruzará un brazo, sacará el brazo que está debajo y lo extenderá y luego utilizará los dedos para agarrar el juguete. Girará la parte superior del cuerpo, flexionará las rodillas para levantar el culito con más facilidad e intentará avanzar. Repetirá el mismo movimiento hasta agarrar el juguete o empezará a cansarse si no lo consigue.

Cuanto más juegues con él, con mayor rapidez aprenderá a girar el cuerpo y pronto efectuará un giro de 360 grados. Es una habilidad muy importante para tu bebé, porque más adelante le permitirá ponerse a cuatro patas y gatear.

2 Aleja un poco el juguete para que no esté a su alcance, así le animarás a levantar las caderas y a ponerse de rodillas. Desde esta posición ha de adoptar la postura de gateo o tenderse boca abajo para poder alcanzar mejor el juguete. Deja que juegue un ratito con él antes de ponérselo en el otro lado.

Se pone de pie apoyándose en un mueble

En las páginas 52-53 se ha demostrado cómo tu bebé puede, a partir de estar sentado, ponerse en pie agarrándose a uno de tus dedos o a un palito. De los seis a los siete meses ha de empezar a aprender a ponerse en pie apoyándose con los brazos en un objeto estable. Cuando intentes mostrarle por primera vez esta clase de movimiento, lo más probable es que necesite que le ayudes con una de tus manos o con las dos. Pero al final acabará usando tu cuerpo como si fuera un mueble más, como algo fuerte y sólido a lo que agarrarse mientras intenta levantarse del suelo. A tu pequeño le encantará la nueva perspectiva del mundo que contempla al estar de pie.

Integración sensorial

Para equilibrarse, tu bebé aprende a alinear las piernas con las caderas y a usar tres puntos de apoyo que son: pie, pie y mano. Aprende cómo ha de controlar el cuerpo y mantener el equilibrio mientras está de pie. Esta clase de coordinación motora y de equilibrio requiere la integración de los sistemas vestibular, propioceptivo y táctil. A medida que tu hijo explora su entorno de pie, tiene la oportunidad de descubrir muchas más cosas sobre la altura, la distancia y el espacio.

Qué es lo que necesitas
Un objeto estable como una silla
El juguete preferido de tu bebé

Habilidades que desarrolla
Control y equilibrio de todo
el cuerpo

1 Elige una superficie horizontal y estable como una silla o una mesita baja, cualquier superficie que sea más alta que los hombros de tu bebé cuando está sentado, y lo bastante baja como para que pueda llegar a ella. Siéntate frente a esta superficie con una de tus piernas extendida debajo de la silla o la mesa. Sienta a tu bebé sobre esa pierna a horcajadas, pero de manera que toque el suelo con los pies.

2 Deja un juguete sobre la superficie a una distancia en la que casi pueda agarrarlo. Para intentar alcanzarlo, se apoyará en el suelo con los pies, se inclinará hacia adelante y se levantará. Como problablemente al agarrarlo se olvidará de sostenerse, ¡has de estar preparado para sujetarlo un poco!

3 Enséñale a mantener el equilibrio sosteniéndose con una mano mientras agarra el juguete con la otra. Ponle una de tus manos sobre la suya y presiónasela con suavidad para que sienta el seguro peso de tu mano. Repite esta actividad dos o tres veces para que aprenda a hacerla. Al final ni siquiera necesitará que le ayudes con la pierna para levantarse.

¿Qué cosas hace tu bebé al crecer?

Tu pequeño ha de ser capaz de mantenerse en pie utilizando un mueble antes de poder hacerlo apoyándose en una superficie plana como una pared. Una vez se sostenga en ella, con el tiempo acabará finalmente soltándose, y a partir de aquí sólo necesitará dar un paso más para que llegue el momento histórico en el que empiece a andar solo.

Aprende a agacharse

Aunque tu bebé se mantenga ahora perfectamente en pie, lo más probable es que siga cayéndose torpemente hacia atrás o que se eche a llorar al no saber sentarse y desear que le ayudes. ¿Cuál es el secreto para sentarse con elegancia? Flexionar las rodillas, ¡todo un nuevo reto para tu pequeño!

Esta actividad le ayudará a aprender a flexionar las rodillas y, con el tiempo, a sentarse también delicadamente. Cuando intente coger el juguete del suelo, separará los pies para mantener el equilibrio, transferirá el peso del cuerpo a la pierna que está más cerca del juguete, doblará las rodillas y bajará el culito, una secuencia de movimientos muy peliaguda para un bebé de corta edad.

Integración sensorial

Al intentar hacer varios movimientos y repetirlos, aprende a utilizar el cuerpo en distintas situaciones. La profundidad, la altura, el equilibrio y el control son elementos importantes a medida que tu hijo aprende a integrar y usar la información procedente de sus diferentes sentidos.

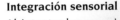

Qué es lo que necesitas
Un objeto estable como
una silla
Algunos de sus juguetes
preferidos

Habilidades que desarrolla
Flexión de rodillas
Control y equilibrio
de todo el cuerpo

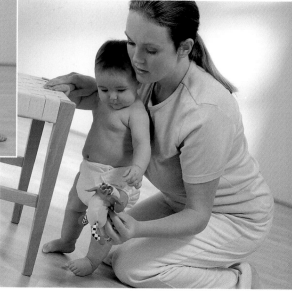

1 En primer lugar, asegúrate de que tu bebé pueda mantenerse en pie al apoyarse en un objeto estable, como una silla, sin tu ayuda. Sus piernas han de estar separadas a la distancia de los hombros y sus pies bien apoyados en el suelo. Ponle una mano encima de la suya para que se mantenga derecho.

2 Deja un juguete sobre la silla. Haz luego que lo vaya siguiendo con las manos mientras vas descendiendo el juguete hacia el suelo. Poco a poco irá aprendiendo que si se inclina hacia adelante y flexiona las rodillas un poco, podrá agarrarlo.

3 Deja que vuelva a ponerse de pie y coloca algunos de sus juguetes en el suelo, cerca de sus pies. Como lo más probable es que intente cogerlos sin flexionar las rodillas o incluso que caiga sobre su culito, no dejes de estar atento para evitar que esto ocurra. Al final acabará comprendiendo que la solución está en flexionar las rodillas.

Elévalo un poco y gateará

No todos los bebés de esta edad son lo bastante fuertes para levantar el cuerpo del suelo con los brazos. Si tu hijo aún tiene problemas para sostenerse, le encantará esta pequeña ayuda.

Dobla una toalla a lo largo y rodea con ella el pecho de tu bebé. Deja un juguete frente a él a cierta distancia a fin de que tenga que gatear un poco para cogerlo. Levanta los extremos de la toalla con objeto de que despegue el cuerpo del suelo y adopte la postura de gateo. No levantes la toalla demasiado, él ha de sostener parte del peso de su cuerpo.

Los reflejos de las pelotas de ping-pong

Esta actividad es una de las más populares del programa PEKIP. A los bebés les fascina el movimiento de las pelotas de ping-pong, el ruido que producen al rodar y rebotar, y la imagen de las pelotas —y la de ellos mismos— reflejadas en el espejo.

Mientras tu hijo juega con ellas, probablemente te preguntes, al observar cómo alarga la mano para cogerlas, si es diestro o zurdo. En esta etapa todavía es demasiado pronto para saberlo, la mayoría de bebés parecen preferir un día una mano y al siguiente la otra. Su inclinación a utilizar una de ellas sólo se determinará cuando tenga dos o tres años. Mientras tanto, permítele usar la mano que prefiera en lugar de fomentar el predominio de uno de los dos hemisferios.

Integración sensorial

Este estimulante juego fomenta una buena coordinación oculomanual. Tu bebé absorberá toda la diferente información sensorial que recibe —las imágenes y los sonidos, la sensación táctil que le producen las pelotas de ping-pong al cogerlas y metérselas en la boca—, y en el proceso aprenderá algunas de las habilidades necesarias para que su entorno tenga sentido para él.

Qué es lo que necesitas
Un espejo irrompible grande
Pelotas de ping-pong
de varios colores

Habilidades que desarrolla
Seguimiento visual
Coordinación oculomanual
Control de cabeza y cuello
Prensión de objetos

1 Coloca un espejo en el suelo. Pon debajo del pecho de tu bebé una toalla enrollada, así le quitarás parte del peso que recae sobre sus hombros para que pueda mover los brazos libremente y, al mismo tiempo, se sentirá más cómodo. Déjale contemplar su propia imagen en el espejo.

2 Haz rodar lentamente una pelota tras otra por el espejo y dale el tiempo necesario para que descubra lo que está pasando. Cuando se haya acostumbrado a ello, haz que las pelotas de ping-pong reboten, giren y se golpeen entre sí todas a la vez. O colócalas en hilera encima del espejo.

El bebé artista

Con los espejos puedes jugar a muchos juegos divertidos: pon en el espejo un poco de loción infantil o una sustancia parecida para que pueda tocarla, examinarla y dibujar imágenes con ella. Es una experiencia táctil fabulosa, ¡tu bebé ya está listo para ensuciarse un poco! Si tiende a meterse todo lo que toca en la boca, utiliza sustancias comestibles como nata o yogur, u ocupa su boca con un chupete.

3 Tu hijo probablemente tratará de pillar las pelotas y usará su habilidad motora sutil para agarrarlas, metérselas en la boca, pasárselas de una mano a otra o dejarlas caer y hacerlas rebotar.

5

De ocho a nueve meses

Hacia el octavo, noveno o décimo mes tu bebé empieza a gatear de forma cruzada: a alternar los brazos y las rodillas para avanzar, moviendo la mano derecha y la rodilla izquierda al mismo tiempo y luego la mano izquierda y la rodilla derecha. Este movimiento coordinado de las extremidades superiores e inferiores es automático, pero puedes hacer que conozca mejor su cuerpo animándole a desplazarse a través de los espacios libres que hay debajo de las mesas y las sillas, a subir y bajar peldaños, y a explorar todas las otras características de su entorno.

Gatear tiene una importancia fundamental para el desarrollo de los músculos de su columna, espalda y cuello. Por eso antes de que aprenda a sentarse, debes animarle a gatear. Los padres tienden a centrarse demasiado en que su hijo aprenda a sentarse, pero los bebés lo hacen por sí solos después de haber em-

pezado a gatear y no es necesario preocuparse demasiado en enseñárselo. De los ocho a los nueves meses ya ha de sentarse con la suficiente derechura y firmeza como para poder volverse e inclinarse hacia adelante y hacia atrás sin perder el equilibrio.

A esta edad demostrará el vivo deseo de moverse a su alrededor y explorar por su cuenta. Su nueva movilidad no significa que vayas a tener más tiempo para ti, sino todo lo contrario. Su habilidad para acceder a una mayor variedad de objetos pequeños con el fin de manipularlos, explorarlos visualmente y metérselos en la boca para investigarlos táctilmente, hará que tengas que estar todo el día corriendo tras él.

¡Sigue avanzando!

En el último capítulo tu hijo ha aprendido a ponerse en pie utilizando un mueble. En esta actividad aprenderá a mantener el equilibrio mientras está de pie apoyándose en una superficie plana, a desplazarse de lado dando una serie de pasitos y, por último, a agacharse para coger un juguete del suelo. De ese modo, va adquiriendo información sobre todo su cuerpo con relación al espacio.

Mientras realizáis esta actividad, ve explicándole lo que está haciendo para que aprenda a aso-

ciar los movimientos que ejecuta con conceptos básicos tales como «arriba» y «abajo» o «aquí» y «allí».

Integración sensorial

La repetición de esta clase de actividad y la combinación de los movimientos burdos y sutiles del cuerpo, le ayudan a mejorar su sentido del espacio y a adquirir la coordinación motora necesaria para moverse con soltura y precisión.

Qué es lo que necesitas
El juguete preferido de tu bebé

Habilidades que desarrolla
Sentido del espacio
Control y equilibrio de todo el cuerpo

1 Ayuda a tu bebé a mantenerse en pie derecho y muéstrale cómo puede mantener el equilibrio apoyando las manos planas contra la parte trasera de un sofá o contra una pared. Mientras esté de pie, mantén tus manos muy cerca de él porque podría entusiasmarse demasiado y perder el equilibrio.

2 Deja un juguete en el borde y a uno de los extremos de un mueble de forma que quede un poco más alto que la cabeza de tu hijo y lo suficientemente lejos como para que tenga que dar varios pasos para alcanzarlo. Al final, acabará descubriendo cómo ha de transferir el peso del cuerpo y mover una pierna y luego la otra lateralmente para conseguir el objeto deseado.

3 Deja el juguete en el suelo al lado de tu bebé. Mientras intenta cogerlo aprenderá a inclinar y descender el cuerpo y luego a agacharse y recoger el juguete. Desde esta posición se pondrá de nuevo en pie, se sentará o se alejará gateando con su premio.

Jugueteando con gelatina

Tal vez ya hayas dejado a tu pequeño jugar con gelatina mientras estaba sentado en la trona, pero jugar con ella en el suelo es mucho más interesante. Pon la gelatina sobre una colchoneta de plástico, una bandeja de horno o un espejo. Si decides que juegue con ella en la bañera, te resultará más fácil de limpiar, pero es un lugar muy resbaladizo.

La idea es estimular todos los sentidos que puedas de tu bebé. En este juego usará el sentido del tacto, la vista, el olfato y, como es natural, del gusto. Si intenta comerse la gelatina no te preocupes, aunque sea pegajosa, dulce y sabrosa ¡también resulta muy difícil de atrapar!

Un doble dilema que es todo un problema

A medida que tu bebé se va acostumbrando a estar sentado —lo cual significa que tiende a jugar en esta posición— también le resulta más fácil manejar los objetos con las dos manos. Antes de aprender a hacerlo soltaba un juguete en cuanto intentaba coger otro. Pero ahora está aprendiendo a manejar más de un juguete al mismo tiempo e incluso es posible que se pase los juguetes de una mano a otra.

A medida que aumenta su control y destreza manual, aprende también a coordinar el pulgar y el índice con más eficacia, usándolos juntos a modo de pinza para coger algo. Esta clase de delicado movimiento de la mano está íntimamente ligado al desarrollo del juego. También afecta al desarrollo cognitivo de tu bebé, ya que su habilidad para agarrar objetos pequeños le permite manipular y analizar las distintas características de éstos y le ayuda a comprender mejor cómo funciona el mundo.

Integración sensorial
La habilidad de tu bebé para manejar más de un juguete a la vez, para pasarse los objetos de una mano a otra y para golpear un juguete con otro, requiere la coordinación de las dos partes del cuerpo. Necesita también mantener un control sutil sobre los músculos oculares para poder dirigir la mirada hacia un punto determinado, un buen control sobre los músculos, ser consciente de sus manos y brazos, y coordinar las manos y los ojos con eficacia.

Qué es lo que necesitas
2 objetos pequeños parecidos, como
pelotas de ping-pong o piezas de madera

Habilidades que desarrolla
Prensión de objetos
Destreza manual
Coordinación oculomanual

1 Sienta a tu bebé frente a ti, cara a cara. Colócate en cada palma de las manos una pelota de ping-pong (o algún otro par de juguetes pequeños que sean muy parecidos) y ofréceselas. Anímale a agarrarlas.

2 Observa cómo intenta llevarlo a cabo. Puede que agarre primero una pelota de ping-pong y se la pase a la otra mano. Que intente agarrar las dos a la vez y que enseguida se le caiga una, o que coja una en cada mano y golpee una contra otra. Probablemente, intentará metérselas en la boca para descubrir si son duras o blandas.

La caja de las sorpresas

Estimula la curiosidad de tu bebé poniendo objetos de diferentes texturas —blandos, rugosos, fríos, duros— en una cesta o en un recipiente parecido. Como seguramente se meterá algunos en la boca, tenlo en cuenta a la hora de elegirlos.

Algunos objetos tendrán un sabor y un tacto agradable, y otros un sabor y un tacto extraños, todo ello forma parte de la experiencia de aprendizaje. Los bebés suelen vaciar la cesta rápidamente, pero a esa edad no esperes que tu hijo meta luego los objetos en la cesta. Esta actividad es ideal para que los bebés se relacionen entre sí, ya que la mayoría se interesa más por los objetos del vecino que por los suyos.

3 Déjale jugar con las pelotas de ping-pong un rato. Cuando suelte una, recógela y anímale a tomarla de tu mano de nuevo. Cuando haya jugado con ellas un rato, pídele que te las devuelva ofreciéndole la palma de la mano, nunca es demasiado pronto para enseñarle buenos modales.

Carrera de *obstáculos*

La movilidad de tu pequeño está mejorando rápidamente. De los ocho a los nueve meses ya puede gatear por espacios de distintas dimensiones y bajar con habilidad la cabeza al pasar a gatas por debajo de los muebles. Es capaz de encaramarse gateando a algún objeto que encuentre en su camino o incluso de cruzarlo. A medida que explora su entorno, aprende a controlar su cuerpo en las distintas situaciones y posturas.

Fomenta en él estas habilidades preparándole una carrera de obstáculos. Emplea objetos que tengas en casa como almohadas, taburetes y sillas para que haya de sortearlos gateando. Esta clase de actividad le enseñará a moverse y a adaptar el cuerpo según el tamaño del obstáculo. Con un poco de práctica podrá ganar cualquier otro tipo de carrera de obstáculos que se te ocurra.

Integración sensorial

A medida que empieza a gatear, aprende a organizar e interpretar las sensaciones de gravedad y movimiento. El integrar esas sensaciones con la información visual le permite cruzar y sortear los obstáculos.

Qué es lo que necesitas
Sillas, mesas, almohadones, almohadas, cualquier cosa por la que pueda gatear por debajo o por encima. El juguete preferido de tu bebé

Habilidades que desarrolla
Exploración del espacio horizontal y verticalmente
Control de todo el cuerpo

1 Coloca a tu bebé frente a una gran almohada. Deja su juguete favorito encima de ella a una cierta distancia para que no esté a su alcance. Mientras intenta alcanzar el juguete ha de inclinarse sobre la almohada y subir una pierna encima. Luego ha de transferir el peso de la parte superior del cuerpo a la almohada y acabar de encaramarse a ella subiendo la otra rodilla. Cuando alcance el juguete, pónselo en el suelo para que aprenda a subirse a los obstáculos y a bajarse de ellos.

El futbolista

Sostén a tu bebé de pie detrás y a corta distancia de una pelota playera o de fútbol. Ayúdale a acercarse a ella y cuando la alcance anímale a golpearla con el pie. Luego ha de volver a acercarse a ella con tu ayuda para golpearla de nuevo. Repite la actividad con pelotas de distintos tamaños, por ejemplo, de tenis, para enseñarle a ajustar el golpe y la longitud de los pasos.

A esta edad está controlando cada vez mejor la parte inferior del cuerpo, sobre todo los pies. Ahora ya puede dar un paso con un pie y después con el otro y andar con tu ayuda. Llegado a este punto, algunos bebés incluso se mantienen en pie sin apoyarse en nada e intentan dar algunos pasos solos.

2 Crea un túnel corto para que lo atraviese gateando cubriendo una silla con una sábana. Cuando ya le coja el tranquillo, pon dos o tres sillas en hilera para que el túnel sea más largo. Para ponerlo a prueba, combina una serie de obstáculos. ¡Usa la imaginación, los pasos indicados no son más que un comienzo!

¡Cu-cú!

Un bebé que aún no haya cumplido los ocho o nueve meses no comprende por completo el concepto de la permanencia, en lo que a él respecta en cuanto alguien se va de la habitación, es como si se hubiera ido para siempre. Pero a medida que empieza a hacer unas asociaciones más sofisticadas, va comprendiendo mucho mejor cómo funciona el mundo que le rodea.

Con este sencillo aunque animado juego le ayudarás a acostumbrarse a la desaparición y reaparición de rostros y objetos. En primer lugar, coloca un objeto frente a él para que pueda visualizarlo. Así será capaz de imaginar dónde está sin necesidad de verlo.

Qué es lo que necesitas
Una sábana, una toalla o una pieza grande de tela
Una radio o un estéreo

Habilidades que desarrolla
Conocimiento de la permanencia de los objetos

Integración sensorial

A medida que aprende a interpretar el mundo, utiliza la información recibida de todos sus sentidos. Esta actividad le impide utilizar el sentido de la vista para que tenga que depender de los otros con el fin de crear una imagen mental de su entorno. Cuando retiras la sábana con la que lo habías cubierto y él confirma la presencia de esa imagen, se da cuenta de que las cosas siguen estando ahí aunque no pueda verlas.

1 Sienta o tiende a tu bebé en el suelo. Cúbrelo a continuación por completo con una sábana o cualquier otra pieza de tela grande y translúcida. A la mayoría de bebés les encanta este juego, pero si se asusta, antes de intentar que lo haga de nuevo podéis cubriros los dos juntos con la sábana.

2 Al contar hasta tres, quítale la sábana y di «¡cu-cú!» y luego cúbrele de nuevo. Hazlo varias veces, entenderá enseguida de qué va el juego y puede que antes de que levantes la sábana te demuestre con una sonrisa o unas risitas que ya sabe lo que vas a hacer.

3 Oculta con una toalla grande una radio o un estéreo delante suyo. Enciende el aparato para que emita música y levanta después la toalla para buscar la melodía oculta. Este juego estimula la memoria visual breve de tu bebé y su capacidad auditiva.

Para los bebés de más edad

Cuando tu hijo haya superado la ansiedad inicial que siente al separarse de ti, puedes adaptar esta actividad para incluir en ella un elemento del juego del escondite. Mientras está cubierto con la sábana, escóndete en un rincón o detrás de una mesa. Deja que sea él el que se quite la sábana y llámale para ver si descubre dónde te has escondido. Pero no le pierdas de vista, así te asegurarás de que no se enreda con la sábana ni se asusta.

¡Arre, caballito!

A esta edad tu bebé ya ha de empezar a controlar por completo los músculos del cuello, hombros y parte inferior de la espalda. Esta actividad le ayudará a sostener y equilibrar el cuerpo al intentar alcanzar algo del suelo mientras está sentado. Cuando lo intentaba a los seis meses, probablemente perdía el equilibrio y se caía de bruces. Pero ahora ha de poder depender más de los músculos del estómago y la espalda, aunque siga poniendo la mano en el suelo para apoyarse. Una vez sostenga el juguete, incluso es posible que sea capaz de enderezarse de nuevo.

Integración sensorial

Esta actividad pondrá a prueba la comprensión que tu bebé tiene de su cuerpo en el espacio, le ayudará a controlar mejor la parte superior del cuerpo, le fortalecerá los músculos de la parte inferior de la espalda, y le enseñará a examinar visualmente un juguete desde muchas perspectivas espaciales. La actividad requiere una buena planificación motora (la capacidad de imaginar la estrategia necesaria para llevar a cabo el movimiento o la acción) y unas eficaces respuestas vestibulares como el equilibrio y la coordinación motora.

Qué es lo que necesitas
Una toalla enrollada, lo bastante grande para que tu bebé pueda sentarse a horcajadas sobre ella
Su juguete preferido

Habilidades que desarrolla
Control de los músculos de la parte inferior de la espalda
Acciones de extensión y prensión

1 Sostén a tu bebé por la cintura y ayúdale a sentarse a horcajadas sobre una toalla enrollada. Deja un juguete en el suelo frente a él. Ayúdale mientras se inclina para cogerlo: ha de apoyarse con una mano en la toalla, inclinarse hacia adelante y alargar la otra para agarrar el juguete. Si sus músculos de la espalda y del estómago son lo suficientemente fuertes, incluso puede que se enderece de nuevo sin tu ayuda.

2 Aleja un poco el juguete hacia un lado. Para alcanzarlo deberá ahora inclinarse alejándose un poco de la toalla enrollada. Observa cómo utiliza las manos para mantener el equilibrio, ahora necesitará ambas manos, una para apoyarla en el suelo y la otra para coger el juguete, lo cual no ocurría cuando lo alcanzaba y agarraba sin necesidad de inclinarse tanto. Sigue sosteniéndolo por la cintura para que no se caiga de bruces.

3 Cuando alcance el juguete, deja que lo examine primero antes de pedirle que te lo devuelva, así aprenderá a desprenderse de los objetos. Repite la actividad en el lado opuesto.

Popurrí Reúne una serie de objetos de distintas texturas, usa elementos como bolas de algodón, pasta de sopa, piezas de madera o frutos secos. Consigue varias bolsitas de tela como las que contienen un popurrí de flores y mete en cada una un objeto de los que has elegido. Deja que tu hijo coja una bolsita y saque el objeto que contiene. Utiliza el juego para enseñarle conceptos básicos tales como «dentro» y «fuera», «suave» y «rugoso», «duro» y «blando», y «grande» y «pequeño». Observa cómo reacciona a los distintos objetos.

6

De diez meses a un año

Tu hijo dejará pronto de ser un bebé. Ahora ha de ser capaz de sentarse, arrodillarse y quizá incluso de mantenerse de pie sin apoyarse en nada, está adquiriendo lo que un especialista en desarrollo llamaría «un patrón de control postural más maduro».

Probablemente ya recorra gateando toda la casa, suba y baje los peldaños, y se ponga en pie apoyándose en los muebles. Se pondrá de puntillas para elevarse más o sobre una sola pierna para compensar el equilibrio del cuerpo. Está aprendiendo a hacer unos ajustes posturales sutiles para mantener la estabilidad durante las maniobras que realiza.

A cuantas más situaciones diversas haya de enfrentarse tu bebé al desplazarse por la casa, más habilidad tendrá para afrontar unos nuevos retos motrices burdos y para desarrollar su habilidad para resolver problemas. Así que no te es-

fuerces por ponerle las cosas fáciles, coloca en medio de su camino varios obs-táculos seguros y suaves. Al afrontarlos aprenderá a crear una imagen mental de su entorno y a planear sus movimientos con relación a los objetos y las personas.

A esta edad ha de ser capaz de manejar nuevos juguetes y objetos con gran des-treza. Al poder manejarlos fácilmente, probará distintas formas de sostenerlos, incluso es posible que los use como herramientas en lugar de limitarse a jugar con ellos o a morderlos.

Dale el tiempo necesario para que los examine y resuelva tareas sencillas en lu-gar de animarle a depender de ti. Al explorar los objetos que hay a su alrededor empezará a captar conceptos tales como «dentro» y «fuera», «abierto» y «cerra-do», «encima» y «debajo», y otros del mismo estilo. Esto le ayudará a resolver problemas de la vida real como, por ejemplo, colocar piezas de madera de dis-tintas formas en sus correspondientes agujeros, abrir cajones, sortear obstáculos o salvarlos pasando gateando por debajo. Un entorno estimulante que va cam-biando le animará a moverse, a aprender y a explorar.

Cabeza abajo

Desde una edad temprana a los niños les encanta inclinar el cuerpo hacia atrás. Esta clase de movimiento hace que la parte frontal del cuerpo —la barriga, el pecho y los hombros— se mantenga abierta, flexible y relajada. Al mismo tiempo fortalece la espalda, lo cual ayuda a mantener una buena postura.

Un niño de diez meses o de un año no será capaz de inclinarse hacia atrás por sí solo, pero puedes ayudarle a que experimente la sensación que produce este movimiento levantándolo y haciéndole dar una vuelta hacia atrás para que durante unos momentos permanezca con la cabeza hacia abajo y las piernas en el aire. Mientras ejecutes el ejercicio lentamente y lo conviertas en un juego alegre y divertido, tu bebé disfrutará de la naturaleza acrobática del mismo y de la sensación de ingravidez.

Integración sensorial

La sensación de excitación que experimenta se produce mientras su sistema vestibular y su sentido del equilibrio reaccionan a los cambios de posición de su cuerpo. Tu hijo usa esas sensaciones, junto con la información visual que recibe, para orientarse en el espacio y ver qué acción ha de realizar como respuesta a esos cambios.

Qué es lo que necesitas
Sólo a ti y a tu bebé

Habilidades que desarrolla
Flexibilidad de la columna
Orientación espacial

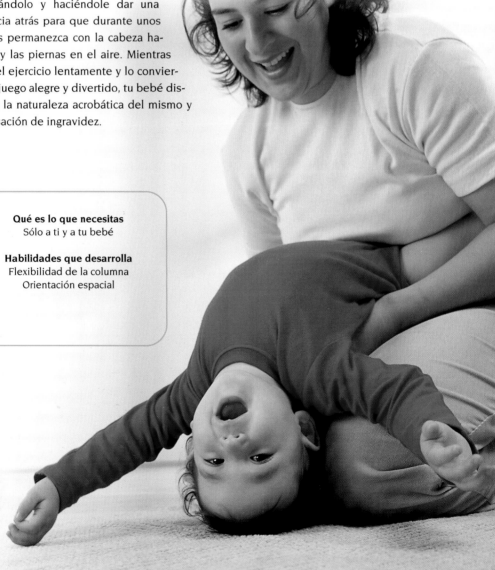

1 Siéntate sobre los talones y tiende al bebé sobre tu regazo con las piernas rodeándote la cintura. Sujétalo por la barriguita con tus dedos y coloca los pulgares detrás de su cintura. Mientras lo sostienes, sonríele, ríe y háblale para que se sienta relajado.

2 Ve poniéndolo cabeza abajo muy lentamente. Asegúrate de que tenga tiempo de sobras para darse cuenta de lo que está sucediendo: estás haciendo este ejercicio con tu bebé, no para él, tu hijo también ha de cooperar para beneficiarse del mismo. Ha de reaccionar a esta postura invertida levantando la cabeza y bajando los brazos para protegérsela.

La hora de las burbujas

Haz pompas de jabón para tu pequeño, las esferas flotando lentamente en el aire le fascinarán y, mientras intenta atraparlas, este juego fomentará en él un buen seguimiento visual y la coordinación oculomanual. Adquiere en alguna juguetería un producto especial para ello y el aparatito para hacer pompas de jabón. Si lo prefieres puedes preparar en casa tu propia fórmula mezclando 10 partes de agua, 1 parte de lavavajillas y 1/4 parte de glicerina.

Para que el juego sea un poco más pringoso, siéntate con tu hijo sobre las rodillas junto a una bañera infantil llena de agua templada y un montón de jabón líquido para bebés, así podrá llegar al agua y jugar con ella mientras soplas sobre la bañera las pompas de jabón que vas fabricando con el aparatito.

Gimnasio *para bebés*

Tu bebé necesita y le encanta el contacto corporal. Tú sigues siendo uno de sus «objetos» preferidos que usa para ponerse de pie y también uno de los más útiles, ya que respondes activamente a sus intentos y le guías en ellos. Así que ¿por qué no convertirte en un gimnasio para tu bebé? Hará un montón de ejercicio gateando sobre tu cuerpo y subiendo por él.

Al hacer que tu hijo adopte una variedad de posturas con el cuerpo le estás ayudando a desarrollar la fuerza, flexibilidad y coordinación necesarias para moverse libremente en el espacio. Mientras se encarama encima de ti, aprende a controlar sus movimientos y a transferir el peso de su cuerpo para equilibrar la parte superior del mismo. El saludable contacto físico que mantendrá contigo os ayudará a los dos a establecer un vínculo afectivo. Además, la habilidad física que esta actividad requiere constituirá un reto para él que afrontará con placer.

Integración sensorial
El control y la coordinación que necesita para orientarse y mover su cuerpo en el espacio dependen de su habilidad para organizar e interpretar las señales procedentes de sus sistemas propioceptivo, vestibular y visual, así como de su sentido de la gravedad y de sus propias habilidades. Como ocurre con cualquier otra cosa, la mejor forma de perfeccionar esas habilidades es muy sencilla: a base de práctica, práctica y más práctica.

> **Qué es lo que necesitas**
> El juguete preferido de tu bebé
>
> **Habilidades que desarrolla**
> Movilidad y control del cuerpo

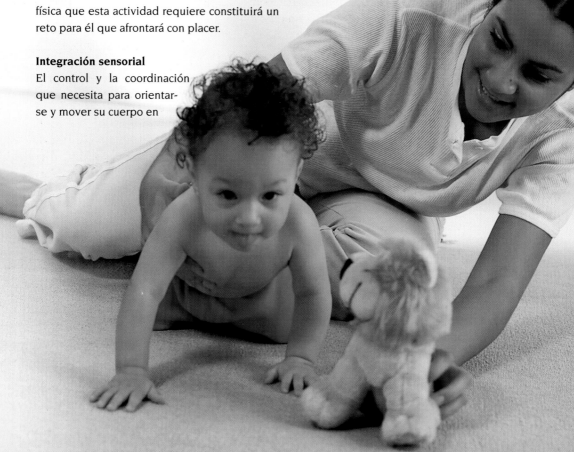

1 Tiéndete de lado en el suelo, delante de tu bebé. Coloca su juguete favorito frente a ti pero dentro de su campo visual. Mueve el juguete para atraer su atención y anímale a que se suba a tu cuerpo para que pueda alcanzarlo.

2 Puede que realice una serie de movimientos para conseguirlo, pero lo mejor es que antes de trepar a tus caderas y cruzarlas se ponga de pie. Mientras se encarama a ti ha de poner las manos en el suelo para sostener la mayor parte del peso del cuerpo y protegerse la cabeza. Luego ha de conseguir impulsarse hacia adelante para coger el juguete. Repite esta actividad hasta que logre hacerla sin perder el equilibrio.

Haciendo música

La música es una forma maravillosa de enseñar a tu bebé a distinguir los sonidos y el ritmo. Llena hasta la mitad dos botellas de plástico de agua mineral vacías, con arroz crudo o alubias y pega el tapón para que no pueda sacar el contenido. Permítele primero explorar el instrumento musical, luego muéstrale cómo se agita y deja que te imite. Pon alguna grabación alegre y acompáñala agitando la botella al ritmo de la música. Este ruidoso juego también fomenta el desarrollo de la coordinación oculomanual y las habilidades motoras sutiles del bebé.

Aprende a rodear una mesa

Al final de su primer año, tu hijo ya ha de usar las habilidades cognitivas que está desarrollando para planear y calcular sus movimientos. No sólo es capaz de superar los obstáculos para alcanzar algo o a alguien que desea, sino que además es capaz de conseguir aquello que quiere a través de unos medios más indirectos.

En esta actividad la idea es que tu hijo pase de estar sentado a gatear, luego que se ponga de pie apoyándose en la mesa y, por último, que la rodee. Esta actuación pondrá a prueba su habilidad para cambiar de posición y acercarse indirectamente, es decir, dando un rodeo, al objeto que le interesa. Deja que sea él el que decida cómo se aproximará para conseguirlo. La finalidad de la actividad no es sólo lograr que ejecute los movimientos físicos necesarios para conseguir el juguete, sino ver también cómo resuelve el problema.

Qué es lo que necesitas
Una mesita baja o un objeto grande similar
El juguete preferido de tu bebé

Habilidades que desarrolla
Movilidad y control del cuerpo
Sentido del espacio
Resolución de problemas

Integración sensorial

La actividad requiere unas buenas reacciones posturales, habilidad visual y planificación motora. Le enseña a reaccionar a las situaciones calculándolas, tomando decisiones y actuando, y le ayuda a adquirir unas habilidades cognitivas más complejas.

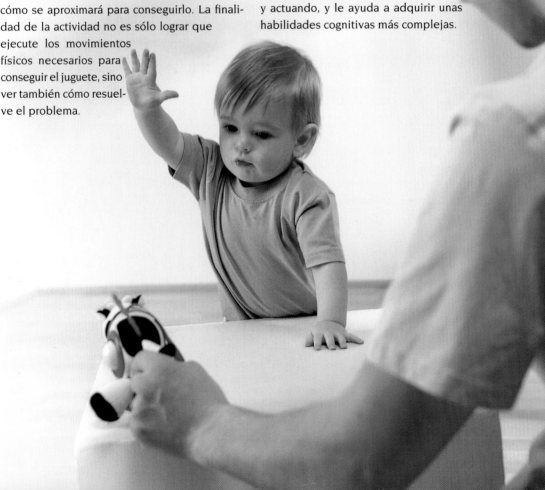

1 Sienta a tu hijo en el suelo a una distancia de unos 2 metros de la mesita baja. Colócate de pie en el otro extremo de la mesa y muéstrale su juguete favorito. Ha de empezar a gatear hacia él.

ADVERTENCIA

Aunque ahora tenga gran movilidad, aún está aprendiendo a usar el cuerpo de manera segura. Cerciórate de que no se golpee la cabeza ni sufra una seria lesión, pero al mismo tiempo resístete a la tentación de intervenir demasiado. Para aprender a calcular el riesgo con eficacia, necesita experimentar algún pequeño accidente.

2 Probablemente gateará hasta la mesa, luego apoyándose en ella se pondrá de pie y alargará las manos para intentar alcanzar el juguete. Al advertir que no llega al otro extremo de la mesa, seguramente tardará un poco en averiguar que puede conseguirlo rodeándola. Tal vez pierda de vista su objetivo o se sienta confundido, pero con un poco de determinación acabará triunfando.

Toca distintas texturas

El tacto forma una parte esencial de la habilidad de tu hijo para comprender su mundo. Usa las manos para coger los objetos y sentir su tamaño, forma y textura. Pero ¿por qué sólo deberían poder divertirse sus manos?

En las actividades de integración sensorial ha de participar todo el cuerpo, y en este juego tu bebé tendrá la oportunidad de que sus pies reciban también una estimulación táctil.

Esta actividad le ofrece la oportunidad de experimentar distintas clases de texturas y de sensaciones táctiles y, al mismo tiempo, de andar. Cuando la haya realizado con los pies, sienta a tu bebé para que también pueda tocar las distintas texturas con las manos. A base de práctica y de cometer errores irá aprendiendo a orientar su cuerpo hacia un objetivo, a transferir el peso del mismo hacia la dirección adecuada y a ejercer el control postural necesario para realizar la acción de coger las distintas texturas.

Integración sensorial

Tu bebé aprende a explorar el mundo que le rodea usando sus sentidos y sus movimientos simultáneamente. Mientras anda sobre las piezas cuadradas, se agacha, las recoge y las repasa con la mano para averiguar el tacto que tienen, sus ojos captan una información visual y sus manos y pies reciben una estimulación táctil. A estas alturas también ha de buscar activamente esa información tocando las texturas que le parezcan más intrigantes.

Qué es lo que necesitas
Materiales de distintas texturas
Un cartón grueso

Habilidades que desarrolla
Movilidad
Control de la parte superior
del cuerpo
Acción de prensión

1 Pega varios trozos de materiales de distintas texturas en piezas cuadradas de cartón grueso, una textura por pieza. Utiliza distintos tipos de telas, plumas, trozos de espuma, arena, plástico..., elige materiales que sean muy diferentes entre sí y sobre los que pueda caminar de manera segura. Ve colocando en el suelo las piezas cuadradas como si fueran pasaderas.

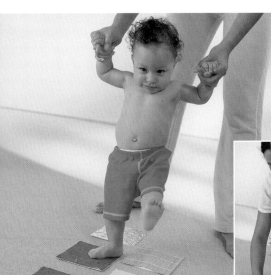

2 Coloca a tu hijo de pie y descalzo delante del primer cuadrado. Sosténle las manos a la altura de los hombros y un poco hacia adelante. Guíalo mientras va pisando cada cuadrado y siente cada una de las distintas texturas bajo sus pies.

3 Dale tiempo para que pueda experimentar las sensaciones y detenerse o retirar el pie de alguna textura si lo desea. Algunas pueden ser tan interesantes para él que se agache para investigarlas más a fondo.

4 Pon a tu bebé a gatas con los cuadrados a su alrededor. Así aprenderá a coger y manejar objetos de distintos tamaños y texturas. Mientras toca las piezas cuadradas ve hablándole para que se familiarice con conceptos tales como «rugoso», «suave» o «blando».

El bebé descalzo

No te apresures demasiado en cubrirle los pies con sus primeros zapatos. Jugar descalzo es una forma ideal de fortalecerse y sentir su entorno. En realidad, probablemente no necesite unos auténticos zapatos hasta que haga al menos unas cuatro o seis semanas que camina con seguridad.

¡Está atrapado!

A esta edad tu hijo ha de gozar de una gran movilidad y la usará para explorar su entorno y relacionarse con él. La finalidad de esta actividad es ver cómo resuelve una situación problemática. Será él el que esté en el interior del «cercado», tú y su muñeco estaréis fuera, ¿cómo logrará reunirse contigo? Pero lo más probable es que descubras que disfruta enormemente con los obstáculos —escabulléndose por debajo de las sillas o empujándolas— para librarse de ellas. Esta actividad fomenta la comunicación, la movilidad y su capacidad para resolver problemas, todas ellas unas excelentes habilidades para desarrollar a esta edad.

Integración sensorial

La habilidad para cambiar de posición y salvar distintos obstáculos requiere una buena coordinación, unas reacciones posturales y una planificación motora por parte de tu bebé. Cuanto más variadas sean las situaciones con las que se encuentre, más práctica adquirirá en integrar la clase de información sensorial que encontrará en la vida cotidiana y en responder a ella.

Qué es lo que necesitas
Cuatro sillas de la cocina o del comedor
El juguete preferido de tu bebé

Habilidades que desarrolla
Resolución de problemas
Movilidad y control del cuerpo
Sentido del espacio

1 Coloca cuatro sillas de modo que formen un espacio cuadrado. No importa si las dispones con el respaldo mirando hacia dentro o hacia afuera, lo esencial es que el espacio que formen permita que tu bebé pueda moverse en él. Coloca a tu hijo en el interior de ese espacio.

2 Atrae su atención con un juguete e intenta conseguir que salve las sillas encaramándose, gateando por debajo o pasando entre ellas. Sea cual sea el sistema que elija para escapar, asegúrate de recompensarle por ello. Si empieza a sentirse frustrado, muéstrale cómo puede salir y luego colócalo de nuevo en el interior del espacio cuadrado para que tenga la oportunidad de volver a intentarlo por sí mismo.

¡Atrápame si puedes!

Tu pequeño es ahora un experto gateador. Sabe gatear hacia adelante y hacia atrás, desplazarse lateralmente, hacia la derecha y la izquierda y ajustar rápidamente el cuerpo a tenor de la situación. ¡Ahora te toca a ti ponerte a gatas y perseguirlo! Pero ¿serás capaz de darle alcance?

Arrodíllate junto a él y haz rodar una pelota frente a ti con la suficiente fuerza como para crear una buena distancia para recorrer gateando. Tu bebé ha de dirigirse gateando hacia la pelota. Cuando empiece a hacerlo, ponte a gatear tras él y ciérrale el paso con las manos para obligarle a cambiar de dirección. Si lo haces con el espíritu de pasar un rato divertido, tu hijo aceptará el reto con alegría.

Índice analítico

Agradecimientos

Desearía dedicar este libro a mi hija Anne-Catherine, con la que descubrí el placer que proporciona el Programa para Padres e Hijos de Praga (PEKIP), a mi hijo Lukas, que me hizo comprender la importancia de llevar este programa a Hong Kong, y a mi esposo Andreas que me ha apoyado en todos mis proyectos.

Desearía expresar mi agradecimiento a Virginia Sheridan por la interpretación que ha hecho de la labor que llevo a cabo y colaborar con su dotes literarias en este especial proyecto, le agradezco profundamente el excelente trabajo que ha desempeñado. Tengo una especial deuda de gratitud con Rachel Aris, que acudió a mis clases con su hija Hannah, leyó el libro, lo revisó con brillantez y me animó a ofrecérselo a la editorial Carrol & Brown. Gracias a Amy Carroll y a Tom Broder por la revisión final de la obra, y a todos los bellos modelos de ambos sexos, niños y adultos, que aparecen en ella.

Carroll & Brown desearía expresar su agradecimiento a:
David Yems, director de fotografía
Kathinka, peluquera y maquilladora en Joy Goodman

Y dar las gracias en especial a nuestras mamás, papás y bebés:
Harriet y Jasmine, Fiona y Sadie, Deborah y Emily, Kaya y Jolie, Shiela y Connor, Sandrine y Mila, Greta y Naomi, Tamar y Mio, Ayiesha y Morgan, Samantha y Luca, Laura y Mala, Sly y Jermaine, Jayne y Dalia, Josephine y Jed, Sophy y Lily, Sarah y Ben, Mary-Ann y Samuel, Evie y Anthony, Dagmar y Nora, Caroline e Isabelle, Claire y Luca, Leo y Teague, Kareen y Antwan